新 视 界

始 于 未 知　去 往 浩 瀚

黄金定律

智慧泥板与巴比伦最富有的人

〔美〕 乔治·塞·克拉松 著

程维荣 译

上海远东出版社

图书在版编目（CIP）数据

黄金定律：智慧泥板与巴比伦最富有的人/（美）
乔治·塞·克拉松著；程维荣译. 一上海：上海远东
出版社，2024
ISBN 978 - 7 - 5476 - 1997 - 1

Ⅰ. ①黄… Ⅱ. ①乔…②程… Ⅲ. ①经济学—通俗
读物 Ⅳ. ①F0 - 49

中国国家版本馆 CIP 数据核字（2024）第 058245 号

出 品 人 曹　建

责任编辑 季苏云

封面设计 徐羽情

黄金定律：智慧泥板与巴比伦最富有的人

〔美〕乔治·塞·克拉松 著

程维荣 译

出　　版　上海遠東出版社
　　　　　（201101　上海市闵行区号景路 159 弄 C 座）
发　　行　上海人民出版社发行中心
印　　刷　上海中华印刷有限公司
开　　本　890×1240　1/32
印　　张　5.75
插　　页　1
字　　数　97,000
版　　次　2024 年 11 月第 1 版
印　　次　2024 年 11 月第 1 次印刷
ISBN 978 - 7 - 5476 - 1997 - 1/F·729
定　　价　48.00 元

前　言

斗转星移，潮起潮落。

我们这个星球上，曾经出现过古巴比伦、古埃及、古印度和中国四大文明古国，分别创造出各自灿烂的古代文明。

巴比伦城是幼发拉底河与底格里斯河流域的古巴比伦国家主要城市，位于今伊拉克首都巴格达南 80 余千米的美索不达米亚平原上。该地在公元前 4500 年左右出现了一些城邦；公元前 1894 年建立起古巴比伦王国，一度归亚述帝国统治；公元前 626 年建立了新巴比伦王国。巴比伦城市建筑宏伟，曾为西亚著名的商业和文化中心。直到公元前 4 世纪开始衰落，逐渐变为废墟，湮灭在历史的尘埃中。历经 2000 多年的沉寂，16 世纪以后，西方旅行家、探险家陆续来到该地，开始了对古巴比伦文明的探索。19 世纪中期以后，由西方考古学家组成的探险队开始发掘该地的一些遗址，经过多年的艰苦探索，终于有了令人震惊的发现，古巴比伦文明的神秘面纱因此逐渐被揭开。

古巴比伦人使用的文字，笔画呈楔形，类似钉头或箭头。这种文字大多刻写在黏土板即泥板上，经烧制得以保存至今。考古发掘中，先后出土了约 50 万块泥板。通过语言学家的精心整理与成功释读，人们大致了解了这种楔形文字是世界上最古老的文字体系。古巴比伦人在这些泥板上，记录了当时社会生活的方方面面，具有无与伦比的研究价值，引发人们的浓厚兴趣与无限遐想。

本书作者乔治·塞·克拉松（1874—1957 年），出生于美国密苏里州路易斯安那市，就读于内布拉斯加大学，曾在美军服役。他研究过经济学，并痴迷于古巴比伦历史，1926 年开始出版一系列有关理财的小册子。其中以 *The Richest Man in Babylon*（《巴比伦最富有的人》）为原题的这本书，自问世以来一再重版，在各国产生了广泛影响。

漫长的岁月中，世界各地无数的人都在追逐财富。

本书以公元前 7 世纪前后巴比伦城为背景，借助近代发掘出土的泥板文字信息，以一个现代西方人的视角，通过联想、虚构与加工，编写出一个个曲折紧凑、引人入胜的故事，叙述了古巴比伦的一些普通人，包括工匠、商人、家畜贩卖者、放债人、书记员、农夫等创业、投资成功或者失败的过程，穷人甚至奴隶通过奋斗改变自己的命运、在困境中崛起的经历，阐述了作者对人生与理财问题的看法，总结出若干投资原则、致富秘诀与黄金定律。书后的附录，介绍了古巴比伦的历史文化梗概。

书中的故事告诉读者，一个人要实现致富的梦想，应该做到：第一，不迷信所谓"好运"，而要树立进取之心，通过自己的不懈奋斗改变命运。第二，善于学习探索，把握正确的理财途径与方法。第三，力戒虚浮，勤勉工作，走出稳妥坚实的人生步伐。第四，在日常生活中设立可行的目标，制定合理的规划和预算，厉行节俭。第五，抓住机遇，果断投资，让钱生钱，利生利。第六，听取行家的建议，拒绝利诱与盲目投资，守护好自己的财产。第七，出借钱财，要考察借方是否有能力归还，慎重决定。第八，购置自己的不动产，为家庭提供良好的生活环境，并且提早安排好自己的晚年生活。

当代社会，物欲横流，人心浮躁。普通人的命运，往往如一叶扁舟在惊涛骇浪中颠簸沉浮。无数的人试图猎取财富，跻身富豪，但是只有极少数人到达成功的彼岸，大多数人往往梦幻破灭；也有的人原来处境不错，却因投资失败，深陷债务泥潭而不能自拔。本书讲述的虽然是数千年以前的故事，但对于今天的读者把握自己命运的航向、增长自己的财富也具有一定的启迪意义。

特别是贯穿全书的"只要有决心，路就在脚下""让自己成为人生盛宴上的贵宾"的励志精神，书中各类人物心怀理想、百折不挠，努力改变命运的奋斗经历，更可以为读者在人生道路上搏击进取增添强劲的动力。

目 录

第一章

渴望黄金的男人

我的钱包如你的一样空荡。这是为什么？我们为什么发不了财？

班瑟，巴比伦的战车工匠，极度沮丧地坐在自家的矮墙边。他悲戚地看着自己简陋贫穷的家和露天作坊，作坊内停放着一辆尚未完工的战车。

班瑟的妻子时不时出现在打开的门口，向她的丈夫偷偷一瞥。这提醒了他家里的粮袋几乎已经空了，他必须赶快完成战车制造。他需要对战车捶打削凿，抛光涂饰，伸拉、绷紧覆盖在车轮边缘的皮带。

尽管这样想着，他那肥硕而壮实的身躯依然僵硬地坐在墙边，迟钝的头脑找不到问题的答案，仿佛变成了一团乱麻。幼发拉底河①流域常见的炽热阳光无情地晒在他身上，晶莹的汗珠从额头上无声地滴落在他毛茸茸的胸前。

班瑟家不远处高耸着王宫的围墙。湛蓝的天空下，是

---

① 幼发拉底河：全长 2 750 千米，是西亚最长的河流，发源于土耳其东部山区，流经叙利亚和伊拉克，最终注入波斯湾。中下游有古代灌溉渠道，与底格里斯河合称两河流域，为世界古代文明发祥地之一（译者注，后同）。

贝尔神庙富丽堂皇的塔楼。被这种宏伟建筑阴影笼罩的，是他和其他许多穷人的家以及堆积的杂物。巴比伦就是这样——巨大的城墙下，富丽和肮脏、令人晕眩的财富和贫穷破烂混杂一处。

扭头侧望，富人的马车正在辘辘辘辘驶过，道路两旁是穿鞋的商贩和赤脚的乞丐。此时，就连富人也被挤进了路旁的贫民窟，给长长的为"国王陛下的宏伟工程"运水的奴隶队伍让道。队伍里的每一个奴隶都扛着一羊皮袋沉重的水，前去浇灌空中花园①。

班瑟忧心忡忡地想着自己的问题，没有注意到繁忙城市的喧嚣。忽然，一阵熟悉的里拉琴②的拨弦声将他从沉思中唤醒。他转头，看见自己最好的朋友、乐手科比那张和善的笑脸。

"愿上帝赐福于你，我的好朋友。"科比字斟句酌地开

---

① 空中花园：一称"悬园"，位于巴比伦王宫西北角。公元前 6 世纪新巴比伦国王尼布甲尼撒二世为其王后阿密丝娣所建。据说采用立体造园手法，在高达 20 多米的平台之上栽植各类树木与花卉，远看犹如花木悬于空中。因此被后世称为世界古代七大奇观之一。

② 里拉琴：一种古老乐器，用手指或拨片弹奏，公元前 3000 年左右已流行于中亚与两河流域。各种里拉琴形制各异，弦数不尽相同，七弦琴是其中一种。

了口，"看起来，上帝真是慷慨大度，让你远离辛苦劳作。我真为你高兴，也希望分享你的幸运。愿你的生意更加兴旺、钱包更加充盈。请问能不能借我两枚锡克尔①？今晚贵族宴会结束后我就归还，绝不赖账。"

"假如我真有两个锡克尔，"班瑟郁郁地答道，"我也不会借给别人——甚至不能借给你，我最好的朋友。因为它们是我的钱——我全部的钱。没有人会倾囊借出他全部的钱，哪怕借给最好的朋友。"

"你说什么!"科比情不自禁地惊叫出来，"你钱包里没有多余的锡克尔，居然还像一座雕像稳坐在墙边！你为什么不去完成那辆战车？不然，你拿什么养家糊口？这一点不像你，我的朋友。你那用之不竭的力量去哪里了？什么事情困扰你了吗？还是上帝找了你什么麻烦？"

"一定是上帝给我的惩罚。"班瑟接受了这个说法，"那是一场梦，一场毫无意义的梦。我梦见自己是一个腰缠万贯的富翁。我的腰带上挂着精致的钱包，因塞满钱币

---

① 锡克尔：一译舍克勒。早期两河流域的货币以白银为主。公元前2300年阿卡德王国建立前的乌鲁卡基那改革中，出现了"锡克尔"的名词，是一种较小的重量单位，也是白银的货币单位。据近人研究，巴比伦的1锡克尔折合现代约8.33克。当时的《乌尔纳姆法典》规定犯绑架罪，应处以监禁，并罚15锡克尔白银；强奸女奴，应罚5锡克尔白银等。

而沉甸甸的。里面的硬币，我随手扔给乞丐；里面的银币，我准备给妻子买饰品、给自己买任何想要的东西；里面的金币，让我对未来感觉安心，给我带来一种神奇的心满意足的感觉！我再也不是你累死累活劳作的朋友了，而你绝对认不出我的妻子——她的脸蛋粉嫩而红润，重现了我们刚结婚时迷人的笑容。"

"真是令人欢悦的梦，"科比评论道，"为什么这样的美梦反而让你成了墙头阴郁的雕像？"

"为什么？真的！当我醒来，想起自己的钱包多么干瘪时，一种窘迫的感觉就掠过心头。让我们聊聊这个，正如水手说的那样，我们坐在同一条船上。少年时，我们结伴去祭司那里学习知识；青年时，我们分享着彼此的欢乐；成人后，我们一直是亲密的伙伴。我们释放着天性，沉浸于长时间的工作，自由自在地花费挣来的钱。在过去的岁月里，我们是赚了不少，但要体验来自财富的快感，还得靠做梦。呸！我们只是一群沉默的羔羊吗？我们生活在天底下最富庶的城市。旅行者说这个城市遍地金银，我们应该挥金如土，但实际上我们一无所有。在半辈子辛勤劳作、耗干了精力之后，你，我最好的朋友，仍然家徒四壁，只有干瘪的钱包，并问我'能不能借两枚锡克尔？今晚贵族的宴会结束后就归还'。我该怎样回答？回答我乐于分享我钱包中的子儿？不，我的钱包如你的一样空荡。这是为什么？我们为什么发不了财？——钱不是只够吃穿就行了。"

"想一下，我们的儿子也是。"班瑟继续说，"难道他们不会步我们的后尘？他们和自己的家庭，还有他们的儿子和儿子的家庭，生活在金银成堆的城市中，却如我们一样，粗茶淡饭地过日子？"

"我们做朋友这么多年了，你从没讲过这样的话，班瑟。"科比困惑地嗫嚅着。

"那些年，我从来没有这样想过。从黎明干到天黑，我一直忙于造出远超其他工匠的战车，期待着有一天神明会认可我的价值，赐予我一大笔财富，但可惜从未应验。最终我明白了，不要指望神明真的会认可我。于是，哀愁就向我袭来。我希望自己成为一个富人，拥有自己的土地和牛群，拥有华美的长袍和鼓囊囊的钱包。为了得到这些，我愿拼尽全力，用我的手艺、我的智慧。但我希望自己的劳作能有公平的回报。如今，我们遇到了什么鬼？我再来问问你：为什么有钱人能得到享用不尽的好东西，我们却劳无所得？"

"谁知道！"科比道，"我的状况与你半斤八两。我弹七弦琴挣的钱总是入不敷出。我必须抠门，以免全家挨饿。所以我深深渴望着拥有一把足够大的七弦琴，可以完美弹奏出澎湃在我脑海中的旋律。若有这样的一把琴，我可以弹奏出连国王陛下都未曾听到过的美妙乐曲。"

"你值得拥有这样一把七弦琴，没有一个巴比伦人能比你弹得更动听。这样的话，不仅是国王陛下，连神明都要激动坏了。但是如今我们两个都穷得就像国王陛下的奴隶，你怎么能买得起它？听，铃声！他们来了。"班瑟指着一列长长的队伍，那都是赤裸着身体、汗水涔涔的担水者，他们自河边走来，五人一排并列，步履缓慢地穿过狭窄的街道。每个人都被沉重的羊皮水袋压弯了腰。

"瞧那个一表人才的头儿。"科比指着那个没有背水袋、直着身子摇着铃在前面引导的人说，"他一定是他们城邦里出挑的人物。"

"那队伍里有许多不错的家伙。"班瑟同意，"就跟我们一样。那些高个子白人来自北方，面容和善的黑人来自南方，浅棕肤色的小个子来自邻邦……他们都从河边走向空中花园，背着水，转着圈，日复一日，年复一年，每天睡着粗糙的麦秸床，喝着粗粝的麦片粥，看不到一丝快乐的希望，像一群可怜的穷牲口！"

"我怜悯他们，而且你让我发觉自己只比他们好了那么一丁点儿，虽然我们自称自由民。"

"这就是真相，科比，虽然它令人不快。我们不想这样一辈子如奴隶一般只知道干活、干活，最后一事无成。"

"难道我们就不能弄明白别人是怎样发财的，然后效仿吗?"科比问。

"如果我们询问那些知晓生财之道的人，也许可以摸着门路。"班瑟若有所思地回答。

"就在今天，"科比说，"我碰到了我们的老朋友，阿卡德，当时他正坐在他的镀金马车上。我要说的是，他没有像许多趾高气扬的富人那样，蔑视卑微的我。相反，他向我挥着手，旁边的人都看见了他的致意和他对朋友的友善。"

"人们都说他是全巴比伦最有钱的人。"班瑟说。

"他的钱多得，据说国王都觊觎，想让他资助国库。"

"那么有钱!"班瑟打断他的话，"我要是在黑夜中遇到他，说不定会伸手去摸他鼓鼓的钱包。"

"别胡诌!"科比道，"一个人的家当又不会放在随身的钱包里。如果没有财富之源持续灌满它，一个鼓着的钱包也很快会空瘪。阿卡德拥有收入来源，能让他的钱包永远鼓着，无论他怎样豪横挥霍。"

"这才叫收入!"班瑟突然大喊出来，"我希望有一种收入源源不断流入我的钱包，无论我是坐在墙头还是周游四方。阿卡德必然懂得一个人该怎样为自己挣得收入，但是他能让我们迟钝的脑子明白其中的奥妙吗？"

"我看，他把他知道的一切都传授给了他的孙子诺马沙。"科比回应道，"诺马沙去了尼尼微①，人们不是传说，他不靠父亲的资助，就成了那个城市里最有钱的富豪之一吗？"

"科比，你真让我醍醐灌顶。"班瑟的眼睛里闪过一道光亮，"向一个好朋友询问可靠的建议应该不花钱，而阿卡德就是那样的朋友。别在意我们的钱包空得像猎鹰的巢穴，那不算什么。我们厌倦了过穷日子，我们渴望成为有钱人。走，我们到阿卡德那儿去，请教一下我们怎样也能发家。"

"你的话真是鼓舞人心。班瑟，你让我豁然开朗，懂得了为什么我们从没找到发财的路子，因为我们压根儿没往那里想。你成年累月地辛劳着，建造巴比伦最坚固的战车，倾尽全部心血，获得了成功；而我，则努力成为一名七弦琴好手，而且也成功了。

----

① 尼尼微：古代亚述帝国强盛时期首都，位于底格里斯河上游东岸，今伊拉克摩苏尔对岸的库云吉克，距巴比伦城 500 千米。公元前 8 世纪末建为都城，公元前 612 年被外敌所毁。考古学家曾发掘其宏伟王宫的废墟，获得大量楔形文字泥板。

"在这些事情上，我们竭尽所能，并有所成就。神明也会允许我们继续干下去。如今，我们终于看见如太阳升起时的一道光亮。它指引我们这是我们能做的最明智的事情。凭借这种新的视野，我们会找到实现心愿的平坦大道。"

"我们今天就去找阿卡德。"班瑟催促着，"还有，也叫上其他和我们一起长大的伙伴，他们过得并不比我们舒坦，加入了我们，就可以分享阿卡德的智慧。"

"你从来都是这么讲义气，班瑟。所以你才有那么多的朋友。听你的，今天就把他们喊来一起去！"

第二章

巴比伦最富有的人

财富，就像一棵树，从一粒微小的种子发芽成长起来。你存下的第一枚铜币就是种子，你的财富之树就此生长，开枝散叶，繁荫茂盛。你越早地种下那粒种子，树就会生长得越高大；你持续不断地存钱并虔诚地为树浇水施肥，你就能尽快享受在树荫下乘凉的惬意。

在巴比伦，有一个名叫阿卡德的人。他富甲一方，闻名遐迩，又因慷慨大度受到人们的称赞。阿卡德从不吝啬在自己身上的花费，对自己的家人也十分慷慨，而且乐善好施。即便如此，他拥有的财富也在逐年增长。

阿卡德年轻时的朋友来见他，说："阿卡德，你真是命运的宠儿，当我们还在为生存煎熬时，你已经一跃成为巴比伦最富有的人。你成天衣冠楚楚，享用山珍海味，而我们却还在为让我们的家人穿得稍微体面些、略微填饱肚子而殚精竭虑。

"但是，我们过去是一样的。我们跟着同一位老师学习，我们玩一样的游戏。无论是学习还是做游戏，你都没有显示出天赋异禀、比我们有更多的才智。那些年，你并不比我们更值得尊敬。

"而且，在我们看来，你工作也不比我们更卖力或者更专心。奇怪的是，为什么命运就让你享受生命中所有的美好，却忽视了也应该平等得到回报的我们呢？"

阿卡德听后告诫他们说："多年以来，如果你的钱只够解决温饱，那是因为你没有学习生财之道，更谈不上遵守它们。

"命运不会总是眷顾某些人。相反，它几乎给所有人都带来过折磨和打击。它让有的人不劳而获，也让那些贪图享受寻欢作乐的人变得一贫如洗。而命运所施舍的另一些人则成为只懂得聚敛财富的守财奴，唯恐丧失他们现在拥有的一切。因为他们知道自己并不拥有重新获得财富的能力。他们因害怕强盗而成天提心吊胆，因空虚不安而陷入烦恼。

"而有些人毫不费劲就能获得横财，并且不断增值，被快乐与满足萦绕。不过这种人寥若晨星，我也仅仅听说过他们。你们想一下周围有没有通过继承忽然得到一大笔财富的人，是不是像我说的那样？"

他的朋友承认熟识的人中确实有人继承了财产，他们恳求阿卡德传授生财秘诀。阿卡德继续说：

"年轻时，我审视自己，认识到美好的事物会给人带来幸福和满足，明白了拥有财富会持续占有这些美好。

"财富具有一种魔力，有了财富许多事情就能梦想成真。

"可以用最华贵的家具装饰自己的家；

"可以前往遥远而陌生的国度旅行；

"可以尽情享用来自远方的珍馐佳肴；

"可以买下金匠和石匠精心打磨的珠宝首饰；

"甚至可以为神明建造宏伟的庙宇；

"除此以外，还可以做其他许多事情，在其中滋养灵魂，获得愉悦。

"当我明白这些时，我就忠告自己，我要享受生命中的美好。我不是生活的旁观者、嫉妒他人快乐的人。我不会满足于用最廉价的衣服装饰体面，也不会认命于做一个穷人。相反，我要让自己成为人生盛宴上的贵宾。

"就像你们所知道的那样，作为一个普通商人的儿子，一个没有希望继承财富的大家庭成员，也没有被赋予超强的智慧头脑。我认为要想取得自己梦寐以求的成就，时间与学习两者必不可缺。

"时间对每个人来说都是平等且充裕的。你们每一个人，都拥有充足的时间去创造财富。然而你们除了拥有良好的家庭背景却一直碌碌无为，辜负了大好年华。

"至于学习，没有知识的生活就像没有香味的玫瑰花。我们知识渊博的老师难道没有教过我们学习有两种方式，一种是直接灌输我们现有的知识，另一种是教授学习方法，获得探索未知领域的技能？

"我决定去探索一个人怎样积累财富，找到方法后就把它做好。因为，我们成天在太阳光下生闷气并不明智。那样的话，当有一天我们前往黑暗世界报到时，就悔之晚矣。

"我找到了一个档案馆书记员的工作，每天长时间地刻写泥板。周而复始，日往月来，我为了那份羞于向人展示的微薄收入努力工作着。一切吃穿用度、奉献给神明的祭礼，还有其他一些细碎的花销，费尽了我全部的收入，但是我执着的毅力从未动摇。

"一天，放款人阿尔格米希来到我处预订一部刻写的《第九法令》。他说：'我必须在两天里拿到成品，如果你按时完成，我会付给你两个铜币。'

"于是我努力刻写，但是法令冗长，当阿尔格米希按时来取时我还没有完成。他顿时脸色一沉，如果我是他的奴隶，他一定会揍我一顿。但是我知道我的上司不会允许他伤害我，因而我不用害怕。我对他说：

"'阿尔格米希先生，您是一个富豪，请教教我该怎样才能像您一样富有。今天我会一整夜地刻写泥板，明天早上就会完成。'

"听完后，他脸上露出一丝欣慰，回答说：'你的想法真不赖，不过，要等你刻完这些泥板才行。'

"那天夜里我一直刻写，刻得腰酸背疼，灯芯散发出的浓烈气味又熏得我头晕目眩，眼睛几乎看不清。当太阳再次升起、阿尔格米希又回来时，所有的泥板果然刻成了。

第二章
巴比伦最富有的人　019

"'现在，'我说，'请告诉我您的致富窍门吧！'

"'你如约完成了我们约定的条件中属于你的那部分，我的孩子。'他柔和地对我说：'现在该我履行承诺了。我会告诉你希望知道的一切。我已经老了，树老根多，人老话多。当一个年轻人逐渐成熟后，他自然就会接受年长者的智慧，但是年轻人经常认为年长者只有已经过时且没有用的经验。要记住，今天闪耀着光芒的太阳就是你父亲出生时闪耀着光芒的太阳，而且当你最后一个孙子离世入土的时候依旧是这个太阳在熠熠发光。'

"'年轻人的想法如流星一般照亮瞬间，年长者的智慧却如恒星光芒不熄，航海者可以依靠它掌握航向。

"'用心记下我的话。否则，你就不能领悟我话中的真理，你只会认为你这一夜的辛苦徒劳无益。'

"他浓密的眉毛下，目光敏锐地望着我，用低沉而有力的语调继续说：'当我决定我挣的钱应该存起来的时候，我就发现了通往财富的道路。'

"他继续望着我，用一种可以洞察心灵的眼神，但是没有再说什么。

"'就这些?'我有些失望地问道。

"'要让一个牧羊人变成一个财神，这已经足够了。'他回答道。

"'那么所有我挣的钱都应该存起来，对吗？'我再次询问道。

"'当然不是。'他回答，'难道你不用买衣服，不用买鞋子？你不买吃的？你生活在巴比伦可以不花销？想一下，你过去挣的钱花到哪里了？愚蠢！你付钱给每一个人，除了你自己。你都在为别人奔忙，正如一个奴隶拼命劳作，只为获得主人赏赐的衣服与食物。不过，如果你每年能存下全部收入的十分之一，十年后你能挣多少？'

"我的计算能力不会欺骗我。我回答：'就如我在一年中挣的一样多。'

"'不完全对，'他摇摇头，'你节省下的每一枚金币都可以为你劳作，如同你的奴隶；金币生铜币，铜币可以继续为你工作，赚更多的钱。如果你想成为富人，你存下的钱必须替你挣来更多的钱，所有的钱都应该为你效力，实现你的愿望。

"'你以为我要弄你，故意让你通宵达旦地工作？'他接着说，'如果你能用心领悟我这些话的精髓，那么你将获得数以千倍的回报。

"'要存下收入的一部分，不管你挣的多么微不足道，也必须存下不少于十分之一的收入。这样，你一定能存下更多的钱。不要过多地将钱花费在衣服、鞋子这类用品上。与此同时，你可以留出足够的钱买食物、布施，以及供奉神明。

"'财富，就像一棵树，从一粒微小的种子发芽成长起来。你存下的第一枚铜币就是种子，你的财富之树就此生长，开枝散叶，繁荫茂盛。你越早地种下那粒种子，树就会生长得越高大；你持续不断地存钱并虔诚地为树浇水施肥，你就能尽快享受在树荫下乘凉的惬意。'说完，他就拿着泥板走了。

"我回味着他说的话，听上去很有道理。于是我决定尝试一下，每次领到报酬，我都取走 10 个铜币中的 1 个存起来。奇怪的是，这似乎一点也不影响我的开销，甚至感觉不到与我没存钱时的生活有所不同。虽然当我的积蓄越来越多时，我就心里痒痒地想去那些店铺消费，那里陈列着用骆驼和船只从腓尼基①运来的好东西，但最终我理智地克服了念头。

"一年以后，阿尔格米希又回来找我，对我说：'孩子，在过去一年中，你是不是存下了不少于收入十分之一的钱？'

---

① 腓尼基：地中海东岸的古国，大致相当于今黎巴嫩和叙利亚沿海一带。公元前 2000 年，塞姆人（又称闪人、闪米特人）的一支腓尼基人在此建立城邦，未能形成统一国家，以航海、经商和贩卖奴隶闻名，极盛时势力扩展到今法国、西班牙与北非。公元前 8 世纪后逐渐依附于别国。

　　"我自豪地回答：'是的，我是这样做的。'

　　"'做得非常好！'他的脸上绽开了满意的微笑，'你用省下的钱做了什么？'

　　"'我把钱交给砖匠阿兹木，他告诉我他将去海外旅行，会在提尔港①给我买腓尼基的珍贵钻石，等他回来我们就以高价抛售，平分利润。'

　　"'每一个傻瓜都活该上当！'他突然咆哮起来，'为什么把钱交给一名砖匠买钻石？你会去面包师那里请教星星的知识吗？当然不会，你应该去星术家那里。如果你去面包师那里请教，你的钱就要打水漂了。年轻人，你这是连根拔起了你的财富之树哇。快，再去种一棵，再试一次。下次如果你想获得钻石方面的建议，就去找珠宝商；你想了解羊的知识，就去找牧羊人。建议是可以轻松得到的，你只要盯住专业人士。然而，你得分清哪些建议是值得借鉴的，哪些是毫无用处甚至错误的。那些盲目听从在理财领域毫无经验者建议的人，最后不得不以血本无归来验证那些建议的谬误。'说完这些，他又一次离开了。

　　"正如他所说，腓尼基人是骗子，卖给了阿兹木看起

---

　　① 提尔港：在今黎巴嫩，距离首都贝鲁特83千米，地中海东岸。曾为古代腓尼基人的重要港口。

来像珠宝的一些碎玻璃。接下来，如阿尔格米希嘱咐我的，我又在每个月收入中存下十分之一的铜币。如今，我已习以为常，存钱不再是难事。

"又过了一年，阿尔格米希再次来到我的屋子，问我：'自从上次分别后，你有什么进展？'

"'我更加卖力地工作。'我回答，'我将储蓄交给了盾牌匠阿加尔去买青铜，每四个月他会付我一次利息。'

"'这听上去不错。这些利息你又用来做什么呢？'

"'我饱餐了一顿蜂蜜，痛饮了美酒，吃了香甜的蛋糕，办了一次盛大的宴会。我还给自己买了一件猩红色的大衣，准备再给自己买一头年轻的毛驴来骑。'

"阿尔格米希听了笑起来，'你吃完了你的积蓄，还能期待它给你带来什么？如何钱再生钱呢？你首先应该建立一支金钱奴隶队伍，然后你才能无忧无虑地享用盛宴'。这样说完，他又走了。

"之后的两年，我再也没有见过他。当他再一次回来时，他的脸庞已经刻上了深深的皱纹，眼皮下垂，尽显老态。他问：'阿卡德，你还没有得到你渴求的财富吗？'

"我答道：'没有，但是我已经挣到了一些，而且正在以钱挣钱。'

"'你还在相信砖匠的话？'

"'他只在砖块制造方面给了我有用的建议。'我回答道。

"'阿卡德，'他继续说，'你已经吃一堑长一智，很好地掌握了我教给你的要义。第一，你学会了怎样花更少的钱来满足生活之需。第二，你学会了向有经验的专业人士寻求忠告。第三，你学会了如何让挣来的钱为你挣得更多钱而效力。

"'你学会了怎样挣钱，怎样储存钱和怎样利用钱继续创造财富。因此你已经有能力担起重任。我已经老朽了，我的儿子没有出息只知道挥霍，没有任何挣钱的念头。我的产业庞大，我担心精力不足，守护不了它们。如果你能去尼普尔①照看我在那里的土地，我愿意让你成为我的合伙人，分享我的一部分财产。

"'于是我去了尼普尔，负责照看他广袤的地产。由于我谨慎勤勉，也因为我掌握了管理财富的三个法则，很快取得成功，地产价值显著增加。所以当阿尔格米希驾鹤西去时，我依据法律规定合法继承了他的一部分财产。'"

阿卡德叙述完他的故事，他的一个朋友说："你实在幸运，做了阿尔格米希的继承人。"

---

① 尼普尔：古代苏美尔城邦，位于今伊拉克希拉城东南 81 千米处。公元前 5000 年已经是一个聚落，一直延续到巴比伦时代，3 世纪以后衰落。近代发掘了其遗址。

"我幸运是因为在我第一次遇到他以前我就渴望致富。在此后的四年中，我没有证明自己积攒所挣收入十分之一的决心吗？一个渔民，经过多年研究掌握了鱼的习性，依据风向的变化决定何时撒出渔网，你会认为他只是幸运儿？机会是千载难逢的，但从来只关照那些有准备的人。"

"当你丢失了第一年的储蓄时，你凭着毅力坚持下去。在那条道路上你就不同凡响。"另一个人说。

"毅力？"阿卡德道，"荒唐！难道毅力能够让一个男人举起连骆驼都不能承受的重量？抑或是毅力能够让人推走连牛都拉不动的东西？毅力不过是承担一项你规定自己必须完成的任务。如果我替自己规定了一项任务，即使它微不足道，我也一定要百折不挠地完成它。不然我怎能有信心去做其他重要的事？如果我对自己说，'在未来100天里，当我每天步行过桥进城的时候，我都要从路上捡起一块鹅卵石扔进河中'，我就一定会这样做。如果在第7天经过时我忘了此事，我不会对自己说'明天我扔两块鹅卵石也不迟'。取而代之，我会马上原路返回并且扔出那一块鹅卵石。或许，在第20天我会对自己说：'阿卡德，每天扔一块石头对你有什么意义？不要再这样徒劳了。'不，我既不会这样说也不会放弃。当我为自己设定一个目标后，我就一定要坚持下去，直到完成它。因此，我尽量不给自己定下一个遥不可及的目标，因为我喜欢安逸，希望从容推进事情的节奏。"

话音刚落，另一个朋友问道："如果你告诉我们的是真的，而且确实像你说的那样合理，做起来也很简单。但是如果所有人都那样发财，还会有足够的财富供大家分配吗？"

"只要人们辛勤劳作，财富就会增长。"阿卡德答道，"如果一个富人给他自己造了一座豪宅，他所花费的金子就消失了吗？砖匠分掉一部分，建筑工人分掉一部分，还有装修设计的艺术家分掉一部分。所有参与建造这幢房子的人都参与了分割。然而，当豪宅完成时，难道不如建造投入值钱？它所矗立的那块地方不会因它的存在而更加昂贵？它毗邻的地方不会因为它的存在而更有吸引力了吗？财富以神奇的方式增长。没有人可以预言它的极限。腓尼基人不是用他们海外贸易船只装运的财富，在荒凉的海岸边建造了巨大的城市吗？"

"你告诉我们的是我们也能变富？"另一个朋友又问，"许多年过去了，我们不再年轻，依然两手空空。"

"我建议你们汲取阿尔格米希的智慧，牢记于心：'我挣得的一部分钱必须存起来。'清早醒来就这样说，中午再说一遍，晚上仍然要这样说。每时每刻都这样提醒自己，直到这个想法如蔓延天空的烈焰一样耀眼。

"请你牢牢记住这个观念，让它充满你的脑海。然后你无论做什么都会显得睿智。要用不少于十分之一的钱来储存。如果需要，可以从你的其他开销里省下十分之一，但首先要保证收入的十分之一必须存下来。很快你就会体验到拥有一笔属于自己的财富是多么美妙。财富的增长会刺激你，生活中出现的新乐趣会令你兴奋激动，你会付出更多的努力去挣得更多。随着你不断增加的收入，你还保持同样的存储比例吗？

"接下来就学习使你的财富为你服务，让它成为你的奴隶，让它不断地为你效劳。

"确保你的将来有一份收入。想象一下你眼花耳聋齿豁的老年终将到来，你也会步入老年行列。因此要深思熟虑、小心谨慎投资你的财富。高利率的回报不过是妖艳的美女，她哼着歌曲，诱惑着粗心、易上当的人群，令他们懊悔不已。

"假设你的家庭并不想被上帝召唤去他的王国，那么最好定期支付保险。作为一个深谋远虑的男人为此付出大笔投资时，你应选择毫不犹豫地去做。

"多与睿智者讨论，向那些每天与钱财打交道的人寻求建议。让他们把你从'我把我的钱财委托给砖匠阿兹木去买宝石'那样的错误泥淖中拯救出来。利息回报虽少，但安全的投资远比冒险投资可取。

"能做到这些，你就可以享受生活。不要过度焦虑或者试图太节省。如果你将挣得的所有钱的十分之一存下来，这个比例令你感觉舒适轻松，那就保持这个份额。同时根据你的收入来安排，量力而行，不要吝啬花钱。生活是美好的，处处拥有值得用心体验的事情。"

听完阿卡德的话，那些朋友向他致以谢意，随后便离去了。一些人陷入了沉默，因为他们缺乏想象而且不能理解话中的真义；另一些人发出嘲笑，他们认为一个富人不可能与悲惨落魄的朋友分享自己的经验；但是有一些人有所醒悟，他们明白了阿尔格米希每次回来都去找书记员，因为他要看着一个人用自己的方法走出黑暗步入光明的过程，而那个发现了光明的人正在梦想的彼岸等待着他。

在以后的岁月里，这些人频繁造访阿卡德。阿卡德分享着他们的快乐，也为他们出主意，慷慨地奉送他的智慧，就像一个有海外经验的人总是乐于做的那样。他帮助这些朋友用这种储蓄的方式带来了丰厚而安全的回报，既不会产生损失，也不会被得不到利息的投资所套住。

最后，这些人终于明白了真理从阿尔格米希到了阿卡德，又从阿卡德到了他们那里。这就是：

将你挣到的钱的一部分储存起来！

第三章

七个致富秘诀

砥砺前行，去实践真理，你就可以增长财富，变得富足，一切都会顺利。

巴比伦的光芒亘古不熄。在漫长的岁月里，它以首屈一指的富庶之城声名远播，其财富数量惊人。

不过，巴比伦并非从来如此。巴比伦的富庶是人民财富智慧的创造，他们首先必须学习怎样才能变得富有。

当英明的国王萨尔贡①打败埃兰②人凯旋，他面临着严峻的局面。王宫大臣向他禀报：

"得益于陛下修建的规模宏伟的水渠和蔚为壮观的神庙，国家多年繁荣昌盛，而那些完成了工程的人民现在已经陷入困境。

"劳动者失去工作。商店门可罗雀，农民卖不出自己的产品，市民没有足够的钱去购买食品。"

---

① 萨尔贡：此处指萨尔贡二世，亚述国王，公元前 722 年—公元前 705 年在位。原为亚述帝国驻巴比伦总督。在位期间推行行省制，四处扩张，曾征服以色列，占领叙利亚全境，巩固了亚述帝国。
② 埃兰：一作伊拉姆，古国名，位于底格里斯河以东，公元前 3000 年以前建国，以善战闻名。公元前 7 世纪为亚述帝国所灭。其地现属伊朗。

"这些年来，我们为改善国家状况所投入的巨款去哪里了？"国王追问。

"它们自有归处。"大臣回答，"也许是流入了我们城市里极少数富人的腰包。金钱从大多数人的指缝间迅速溜走，就如羊奶从筛网中漏走一样。现在财富之泉停止了流动，我们大多数的人民已经没有多余的钱，快要衣不遮体、食不果腹了。"

国王沉思片刻，问道："为什么少数人能够获得几乎所有的财富？"

"因为他们知道怎样去攫取财富。"大臣回答，"但人们不能因为一个人懂得如何生财就谴责他，也不能将他的合法收入用于接济没能力挣钱的人。"

国王又问："那么，为什么不让所有人都去学习怎样获得财富，使自己变得富足起来？"

"是的，陛下，这当然有可能。但是谁去教他们这些呢？当然不是牧师，因为他们觉得挣钱徒然无用。"

"在我们整个城市里，谁最懂得如何致富？"国王问道。

"问题已经有了答案，陛下。在巴比伦，谁积累了最多的财富？"

"问得好，我能干的大臣。那是阿卡德，他就是巴比伦最富裕的人。明天带他来见我。"

第二天，阿卡德奉旨出现在国王面前。他站得笔直，硬朗矍铄，完全看不出已经 70 岁了。

"阿卡德，"国王说，"你是巴比伦最富裕的人，这是真的吗？"

"据说是的，陛下，而且没有人不服。"

"你是怎样变成这般富有的？"

"我不过是抓住了面向我们伟大城市所有自由民的好机会。"

"是白手起家吗？"

"我只有对财富的渴望，除此没有别的。"

"阿卡德，"国王继续说，"我们的城市正陷入不幸的境况，懂得怎样抓住机会去获得财富的人寥寥无几，而且我们广大的臣民都缺乏足够的知识去保有他们的金钱。

"我希望巴比伦是世界上最富庶的城市，它一定拥有众多富翁。因此，我们必须教会全体人民去获得财富。告诉我，阿卡德，是不是有什么获得财富的诀窍？它能被传授给人吗？"

"那是可行的，陛下。已经掌握诀窍的人可以根据要求再去教会别人。"

国王顿时来了精神："阿卡德，你所说的，正合我意。

你愿意参与这个宏大的任务吗？你愿意把相关知识传授给学校的老师，直到他们接受了足够的训练，再去教会我的王土上每一个可教的臣民吗?"

阿卡德鞠了一躬，说:"愿为陛下效劳。为了改善同胞的处境，替陛下增进荣光，我愿将我拥有的知识倾囊相授。请让您忠诚的大臣为我安排一个100人的讲堂，我会教他们让钱包鼓起来的7个秘诀，从而使整个巴比伦不再有贫穷落魄者。"

两个星期以后，为执行国王的命令，经过选拔的100个人集中于宽敞的讲堂，在彩织的地毯上围坐成半个圆。阿卡德坐在一个小桌边，桌子上点着一盏圣灯，袅袅烟雾散发出一种奇特而令人愉悦的香气。

"瞧，那个巴比伦最富有的人。"当阿卡德站立起来时，一个学生窃窃私语，并用肘推了一下旁边的人，"他看上去跟我们并没有什么区别嘛!"

"作为我们伟大国王陛下的忠实臣民，"阿卡德开口说，"我奉旨站在你们面前。由于我曾经是一名渴望金钱的贫穷青年，也由于我获得了赚到金钱的方法，国王陛下命令我把知识传授给你们。

"当年，我以卑贱的身份走上我的财富之路。像你们以及巴比伦的每一个市民一样，我一开始并没有任何优势。

"我的第一个金库是一个用旧了的钱包。我不喜欢让它闲置。我希望它圆鼓鼓、金币的声音叮当作响。我寻找着一切让干瘪钱包鼓起来的诀窍，最终我找到了 7 个方法。

"现在你们坐在我面前，我要说明 7 个致富秘诀，我将此推荐给所有渴望发财的人。在接下来的 7 天，每一天我都会向你们说明其中的一个诀窍。

"注意听我传递给你们的知识，可以与我争论，也可以在你们之间讨论。如果透彻地领悟这些课程，你就能在自己的钱包里种下财富之树。首先你必须创造属于自己的财富，获得生财能力，到此你才能把这些真理教给其他人。

"我用简要的方法告诉你们怎样使钱包鼓起来。这是通向富裕之门的第一步。'千里之行，始于足下'，除非脚踏实地，否则就谈不上登上成功的殿堂。

"我们现在谈第一个秘诀。"

第一个致富秘诀：让自己的钱包鼓起来

阿卡德对第二排一个正在思考的人说："我的朋友，你是做什么工作的？"

那人回答："我是一个抄写员，在泥板上刻写记录。"

"我自己就是在这个岗位上挣得了第一个铜币。因此，你也会有同样的机会去获得财富。"

他又对一个面孔泛红的人说："也请告诉我，你以什么谋生？"

那人回应道："我是一个屠夫。我买来农夫养的山羊，屠宰它们，把羊肉卖给家庭主妇，把羊皮卖给鞋匠。"

"你有工作，有收入，你拥有通向成功的条件，比我曾经拥有的更占优势。"

用这个方式，阿卡德努力发现每一个人如何通过劳作维持生计。他接着说：

"现在，我的学生，你们可以看到有这么多的行业可以让你获得收入。每种挣钱的方法都是涌金之泉。每一个劳动者都通过劳作获得相应的收入充实自己的钱包。因此，你们每个人钱包里金钱的多少，取决于你们自己能力的大小，对吗？"

学生们都表示的确如此。

"因此，"阿卡德继续说，"你们每一个希望自己好运的人，从利用自己已经拥有的财源开始，这是不是一个很睿智的做法呢？"

学生们一致同意。

阿卡德转向一个十分不起眼的人，得知他是一个鸡蛋商，便问："如果你选择了一个篮子，每天早晨放入 10 个鸡蛋，然后每天晚上从中拿出 9 个鸡蛋，最终会变得怎样？"

"那总有一天篮子会放不下。"

"为什么？"

"因为我每天放进去的蛋都比取出来的多一个。"

阿卡德满意地转向学生："这里有谁囊中羞涩吗？"

大家被逗得开怀大笑，然后纷纷滑稽地举手挥动着他们空荡荡的钱包。

"好吧，"阿卡德侃侃而谈，"现在我告诉你们我所知道的对付空荡钱包的第一个诀窍。正如我向鸡蛋商建议的，在你每天放进钱包的 10 个铜币中，只取出 9 个使用，钱包很快就会鼓起来。你的手会清楚地感觉钱袋重量的增加，你的内心也会得到满足。

"因为方法简单，你们会嘲笑我所说的。不错，真理总是简单而质朴的。我告诉过你们我会说出自己如何积累财富的，这只是开始。我的钱包也曾干瘪空荡，我诅咒它，因为它无法满足我的欲望。可是当我从放进钱包里的 10 个铜币中只取走 9 个时，它就开始鼓起来。你们的也一样。

"现在我告诉你们一个奇怪的真理，我也并不完全明白其中的奥秘。当我停止花费超过我所挣的十分之九时，我照样过得不错，并不因为减少支出而短缺。而且不久后，挣钱似乎比过去更容易了。显然，上帝的法则就是存下一部分钱，而不是将所挣得的钱全部花光，这样财富就会来得快。同样，钱包经常空空的话，金钱也会绕过它走。

"你最渴望什么？是每天的欲望能得到满足吗？是闪光的钻石、锦衣玉食？这些东西难道不是转瞬即逝？你占有的金子、土地、牲畜、商品买卖以及有收益的投资，你从钱包里花费出去的钱给你带来了前者，而存在钱包里的钱则会带给你后者。

"学生们，这就是我的第一个致富秘诀：'我拥有的每10个铜币中，只花费 9 个。'你们讨论吧！如果有谁证明它不是真理，我们明天再见时告诉我。"

第二个致富秘诀：做好预算

"你们中有人问了我这样一个问题：'当一个人挣的所有钱币连他基本开销都不够时，他如何才能让他挣得的十分之一留在钱包里？'"第二天，阿卡德向他的学生提出了这个问题，但他并没有作答，而是转而问道：

"昨天你们中有多少人带了空钱包？"

"我们都带了。"全班学生回答。

"不过，你们每个人挣的钱不会都一样多。有的人挣的比其他人多得多，有的人有一个大家庭需要供养，所有的钱包不可能都同样空荡荡。现在，我将向你们揭示一个非凡真相。这就是：我们每个人所谓必要的支出会与我们的收入同步增长。除非我们尽力控制消费。

"物欲横流，欲壑难填，被欲望迷惑的不是必要的开支。每一位在座的你们连同你们幸福的家庭，都有着诸多难以用收入来完全满足的愿望。因此，你们的收入往往尽量用于满足这些愿望，但即便如此，仍有许多愿望未能如愿以偿。

"谁敢说自己的每一个欲望都可以得到满足？你们认为我拥有那么多的财富就能满足我的每一个欲望吗？要明白这只是空中楼阁。我的时间有限，我的精力有限。我能够到达的地方有限，我的胃口有限，我不可能无休无止地纵欲。

"我告诉你们，杂草会在田野里疯长，只要农民为它的根留出足够的生长空间。同样，'贪心不足蛇吞象'，能被满足的也只能是一部分。

"仔细分析一下你的生活习惯，很可能会发现某些可以减少或者避免的开销。让此话成为你的座右铭：'要让花费的每一分钱都物有所值。'

"在泥板雕刻上你的每一项开销。选择那些必需的和另一些可以在收入的十分之九以内解决的。其余的不必满足，也不必后悔没有实现那些愿望。

"因此必须为开销做预算。不要对那个让你钱包鼓起来的十分之一积蓄虎视眈眈，它是你正在努力实现的宏伟目标。坚持做生活预算，并及时调整预算和开支，让它成为保护你鼓胀钱包的得力助手。"

这时，一名穿着红色和金黄色条纹相间长袍的听众站起来说："我是一个自由民，我相信，享受生命中的美好事物是我的权利。我反对受预算的约束，因为它只决定了我可以花费多少和为什么花费，却剥夺了我生命中的很多快乐，使我几乎和一头身负重担的蠢驴一样。"

阿卡德回复道："我的朋友，谁来决定你的预算？"

"当然是我自己。"不服气者回答。

"如上所说，如果那头驴需要为负重做预算，它会将地毯和沉重的金条列入预算范围吗？不，它只会考虑干草、粮食和一袋为荒凉小径准备的水等必需品。

"预算的目的是让你的钱不断增值，帮助你拥有必需品，以及目前渴望实现的其他欲望。它使你能够辨别最重要的欲望，保护它们免遭漫不经心的挥霍。就像黑暗山洞里的亮光，预算能够显现出钱包的漏洞，控制你的消费，从而达到明确且有效控制开销的目的。

"这是致富的第二个诀窍。预算可以使你拥有足够的钱满足生活必要开销、享受生活的美好，实践有价值的欲望，而这些花费不会超过你收入的十分之九。"

第三个致富秘诀：使你的财富增值

"大家的钱包正在日益鼓起来。到目前，你们已经习惯把你挣得的全部收入的十分之一保存在钱包中，通过控制消费来保护你们不断增长的财富。接着，我们将考虑如何使你的财富增长。钱包里的金子能满足一个守财奴的灵魂，除此以外，赚不到任何东西。而我们，保留着收入只不过是开始，只有不断挣钱才能创造我们的财富。"第三天，阿卡德对他的学生这样说。

"怎样让我们的金钱发挥作用呢？我的第一笔投资很不幸，让我倾家荡产。后面我会详细说到这个故事。我第一笔挣得利润的投资是一笔贷款，借给了一个叫阿加尔的盾牌匠。每年他都从海外购买一大船青铜回来，用于他的生意。由于缺乏足够的资金支付，他就向那些有多余铜币的人借贷。他是一个诚实的人，在卖掉他的盾牌以后，他会将借款连同一份体面的利息一并偿还。

"每一次我借给他钱，我都能得到他连本带利的偿付。

因此，不仅我的资本在增加，钱产生的收入也在增加。最令人满意的是，这些钱最终又回到了我的钱包里。

"告诉你们，我的学生，一个人的财富不是由他放在钱包里的钱来衡量，而是由它能孳生多少钱决定的。不断流入钱包的黄金水渠，让钱包不断膨胀，这是每一个人梦寐以求的。无论你在工作还是在旅行，你们总是希望有源源不断的收入。

"我获得了巨额的收益，因此我被叫作富翁。我从借给阿加尔的贷款中获得投资的'第一桶金'。从这次经历中我获得了经验，当我的资本逐渐积累增加时，我扩大了我的借贷和投资。凭借这种聪明的办法，我的利润来源也多起来。从一开始少量几个，到后来一大批，财富如泉水源源不断流入了我的钱包。

"看，我用微薄的收入创造了一支金钱奴隶的队伍，它们都在为我赚取更多的金子效劳。它们为我工作，产生的收益又会持续不断地带来新的利润。钱生钱，利滚利，它们的各种努力带来了可观的收益。

"你获得合理的收益，财富会迅速增长，这个道理从下面这个例子显而易见：一个农夫，当他第一个儿子出生时，拿出 10 枚银币给借债者，直到儿子 20 岁，他都可以获得利息。借债者照做了，并且同意每四年的利息为其本金的四分之一。农夫提出，由于这笔钱是留给儿子的，利息应该增加到本金中。

"当男孩长到 20 岁时，农夫找借债者打听银币的事。借债者说明，由于复利计算，这笔钱已经从原来的 10 枚银币增加到现在的 31.5 枚银币。

"农夫喜出望外，由于儿子暂时不需要这些银币，他把钱继续留在借债者那里。当儿子 50 岁时，父亲逝世，借债者一次偿还儿子 167 枚银币。

"这就是 50 年后复利投资使它的利息几乎翻了 17 倍。

"这就是第三个对付空荡钱包的秘诀。把每一个钱币投向能够产生复利的地方，帮你获得收益，财富之泉就会汩汩不断地涌入你的钱包。"

第四个致富秘诀：守护财富，防止损失

"太过显眼，往往招致不幸。必须守护好钱包里的金子，否则它可能会丢失。因此，明智的做法是，在神灵赐予我们更大的财富之前，我们必须守卫好手中小小的财富，谨防不翼而飞。"第四天阿卡德对他的学生们说。

"每一个金钱持有者都会被巨额的投资回报机遇所诱惑。亲朋好友经常急切地进入这种投资并且催促你也参加。

"最重要的投资原则是保证你本金的安全。本金面临风险，却被诱骗说能挣得大钱，聪明反被聪明误。冒险投资的惩罚也许是血本无归。在每一次自信地分割财富用于投资之前，你都要仔细研究，钱是否能安全地收回。不要被你自以为是的财富来得很快的美梦所误导。

"在你借钱给任何人之前，要掂量一下他是否有偿还的能力和他之前的声誉。你不可以轻易地向他提供自己辛苦挣来的钱。

"在你投资任何领域以前，你应明白其周围的任何潜在风险。

"在我之前的一次投资经历中，我遭遇了一个陷阱。我把小心保管了一年的储蓄投资给了一个叫作阿兹木的砖匠。他去海外旅行前答应给我买珍贵的腓尼基钻石，并说等他返回后我们可以卖了它，分享利润。不料腓尼基人居心不良，只卖给他一些碎玻璃。我的投入一去不返。今天，我接受的教训告诉我投资砖匠买钻石属于极度愚蠢。

"因此，我凭经验告诫你们：不要对你自己能够避免投资陷阱的智慧过于自信。最好是与富于理财经验的人商量一下，他们会免费提出忠告，这些忠告的真正价值在于保护你远离损失。

"这就是第四个致富秘诀。它能防止钱包空瘪，使财富充盈起来，因此非常重要。只投资本金安全的项目（如果你希望，你可以收回本金，并且能够得到合理的利润），保护好你的钱包防止损失。向明智的人请教，在进行高回报的投资前，最好寻求富有经验者的忠告，让他们的智慧成为你防范投资风险的屏障。"

第五个致富秘诀：拥有自己的房产

"如果一个人将他所挣得的十分之九的收入用于生活和享受，这九分的任意部分都可以转入有利可图的投资却不影响他的舒适生活，那么他的财富数额会嗖嗖地往上直蹿。"阿卡德第五次上课时告诉他的学生们。

"在巴比伦，有太多的家庭蜷缩在不体面的角落里。他们按时向房东缴付房租，但是他们的妻子却没有地方种植让人赏心悦目的花朵，他们的孩子除了狭窄肮脏的小巷没有地方玩耍。

"除非拥有一片属于自己的土地，孩子们可以在洁净的地面上嬉戏玩耍，女主人可以精心培育花朵与优质丰富的草药滋养家庭。除此之外，一个家庭便难以真正领略到生活的宁静与满足，更谈不上充分享受那份惬意的时光。

"一个人从自家的果树上吃到无花果或者葡萄，他会感到格外的喜悦；拥有自己的家业或者自己乐于照顾的地方，他内心一定充满自豪，并且甘愿不辞辛劳地打理屋子。因此，我认为每一个人都应该努力拥有自己的房产以安置家庭。

"凭借自己的能力，每一个具有雄心壮志的人都可以拥有他的房产。我们伟大的国王陛下不是已经在巴比伦延伸建造了宏伟的城墙吗？城墙内大片土地现在还没有开发，你也许可以用最合理的价格来购买。

"我还要告诉你们，我的学生们，放债人乐于考虑把钱借给那些为家人购置土地建造房屋的人。如果你能提供一份关于建造房屋所需合理开销的详细预算，那将十分有助于我们的计划。很快，你就可以借到钱支付给砖匠和造房人。

"房屋一旦建造完成，你可以如同向房东缴纳租金一般，定期向放债人偿还贷款。每笔偿还都会逐步减少你对放债人的债务，几年后就能还清贷款。

"那时你就会倍感轻松，因为你本人拥有了值钱的房产，你只需付给国王陛下少量的税金。

"你美丽的妻子也会更频繁地去河边洗涤你的长袍。她每一次回家都会带来装满一个羊皮袋的水，浇灌庭院里正在苗壮成长的花草。

"这样，有自己房子的人必多得福气。一旦梦想成真，就会大大减少他的生活成本，使他挣来的钱更多地花费在娱乐等欲望上。这就是第五个致富秘诀：拥有你自己的房产。"

第六个致富秘诀：提前准备老年的生活

"每一个人都会从孩提迈入老年，没有人能够例外，除非上帝过早地把他召去了另一个世界。因此，一个人必须为将来不再年轻并且需要供养家庭的日子做好谋划，以便在他离开后，家人们能够得到安慰和支持。这一课，我将告诉你们如何在自己没有能力再挣很多钱的时候准备一个丰满的钱包。"第六天，阿卡德这样对他的学生们说。

"一个人理解了财富规则，拥有了不断增长的储蓄，应该未雨绸缪。他应该寻求可以提供长期的安全投资或者制定某种储蓄规则，在他预见过的风烛残年到来时适用。

"一个人可以为自己的未来提供不同生活方式。他可以找一个隐蔽的地方埋藏好自己的存款。但是不管藏在理想中的哪一个角落，它都可能成为盗贼的猎物。因此，我不推荐这个方法。

"一个人可以为此购置房屋和土地，如果他睿智地将房屋或土地作为自己未来的财产，则这些资产将因其未来的实用性和价值而持久增值。无论是通过其带来的收益还是日后的出售，都将实现财富的增值，为晚年生活提供坚实的经济保障。

"一个人可以出借小笔资金给放债人，并且按照一定的阶段逐步增加。放债人支付的利息，无疑会进一步推动这笔资金的累积和增值。我认识一个叫安山的鞋匠，不久前他告诉我，过去 8 年期间的每个星期，他都存入钱庄 2 枚银币。最近钱庄老板给他结算了账目，让他乐得合不拢嘴。他的小量存款总额加上每 4 年获取本金四分之一的利息，现在总额已经暴增到 1040 枚银币。

"我非常赞同这种做法，并很高兴地用我的数学知识进一步鼓励他：如果他能保持每个星期 2 枚银币的规则储蓄，12 年后钱庄就会欠他 4 000 枚银币，这个足够维持他余生的所需。

"这样一笔小额存款，居然有着产生如此可观利润的前景。确实，没有一个人可以经受老年潦倒落魄和家庭贫穷的不幸，不管他的生意和投资曾经多么红火。

"我想就这一点多说几句。在我脑子里产生了一个念头：某日有一个聪明的思考者会发明一种死亡保险的方案。就是每个人按期支付一小笔钱，聚沙成塔，渐渐汇集成一笔可观的数字，这是每个人离世后为其家庭留下的生活保障。我强烈推荐这种方案。但是如今还不可能，因为它的支付年限要长于人们的生命期限，或者必须有合伙人才能运作。它必须像国王陛下的王座一般稳固。我感觉总有一天这个方案会变成现实，并且是很多人翘首以待的现实。因为即使最小的分期支付也会给逝者的家庭成员提供一笔可观收入。

"由于我们生活在当下而不是未来，我们必须利用这些手段与途径实现我们的目标。因此，我特地向所有人强调，要凭借智慧并通过认真思考的方式，努力改变空瘪的钱包。因为对一个行将就木的老人或者对一个失去经济支柱的家庭来说，缺钱绝对是一个悲剧。

"这就是第六个致富秘诀：提前为老年生活和保护家庭的需要做好规划。"

第七个致富秘诀：提高你挣钱的能力

"今天我要向你们说说对付空瘪钱包至关重要的秘诀。我不仅说财富，而且说到你们这些穿着各色长袍、坐在我面前的人的问题。我将与你们谈谈为成功而积极奋斗或者无所作为者的生活，以及萦绕在他们脑海里或生命里的那些事情。"第七天，阿卡德对他的学生们这样说。

"不久前，一个年轻人到我这里来借钱。我问他为什么借钱，他抱怨说自己的收入无法满足日常开销。我告诉他，在这个事例中，他就是一个需要借贷的贫穷消费者，放债人可不乐意跟他们做交易，因为他缺乏挣钱还贷的能力。

"'年轻人，'我告诉他，'你需要做的是挣更多的钱。你准备做些什么来增加收入？'

"'我什么都做不了，'他回答，'两个月里我去找了六次老板，要求增加我的报酬，但都未能如愿。其实没有人比我去得更勤快了。'

"我们可以讥笑他的天真直率，虽然他具有提高挣钱能力的关键条件之一。他身体内有一种想要挣得更多钱的强烈冲动，这是一种适当的并且值得称赞的愿望。

"完成事业必须有愿望，你的愿望必须是明确且强烈的。一般的愿望不过是无力的追求，对于一个人来说只是一个小目标。一个人想要获得 5 枚金币，是他可以努力完成的实际要求。等他用自己的力量实现愿望后，他就能找到同样的方式去获得 10 枚、20 枚乃至 1 000 枚金币，他就变成富翁了。在学习实现他的一个明确的小目标时，他就训练了自己如何去实现一个大目标。这就是集聚财富的过程：首先是小数额，然后迈向大数额的目标。随着个人的不断学习和能力的增强，这一过程得以实现，最终汇聚成可观的财富。

"愿望必须简单且明确。如果它们繁多杂乱，就会模糊自己的目标，或者超出了自己实现的能力，那么，这些愿望就会失去其原有的价值和意义。

"一个人在这样做的同时不断完善自己，他挣钱的能力也会不断提高。过去，当我还是一个每天为少量铜币在泥板上刻写的卑微的抄写员时，我观察到其他抄写员比我做的多，得到的报酬也多。这让我深感不甘，我坚信自己不应被任何人超越，必须迎头赶上。不久，我发现了他们成功的原因，于是，我对工作倾注更多兴趣，更加专注，我持之以恒地努力，终于有一天，我几乎无人能及，刻制泥板的数量与质量都远超他人。熟能生巧，我磨炼出来的提高工作效率的技巧得到了回报。我不需要六次去老板那里恳求他的认可。

"我们掌握的知识和技能越丰富，我们的收入潜力也就越大。深谙工艺的人会得到更丰厚的回报。若他是一名工匠，他必定渴望向同行中技艺最高超的师傅学习，掌握他们的技艺与工具使用之道。如果他从事法律或者医疗职业，他会去向他的同行讨教或者交流经验。如果他是一个商人，他可以不停地寻觅更好的货物，以更低的费用进货。

"人们做事情的方式一直在变化和改进，因为思想敏锐的人会寻求更精湛的技能为他们所依赖的主人服务。因此，我建议所有的人都应追求进步，不要画地为牢，故步自封，以免落在后面。

"许多事物的出现使一个人的生活更加丰富且充实，充满有意义的体验，这样的事情接踵而至。一个人必须去做，假如他尊重自己：

"他必须倾尽全力偿还债务，不要去购买那些无法偿付的物品。

"他必须照顾他的家庭，家人可以因此对他赞不绝口。

"他必须留下一份有文字记录的遗嘱，以便在他告别这个世界时，他的财产可以得到公平且合理的分配。

"他必须对那些遭受损害或者蒙罹不幸的人抱有同情心，并且力所能及地帮助他们。他必须用深思熟虑过的行为帮助他周围的人。

"这第七个也是最后一个致富的诀窍，就是认真学习与思考，以求变得更为明智；不断磨炼，以求技能更精湛；以尊重你自己的方式行事。这样，你将获得自信，实现你深思熟虑的愿望。

"出于长期的实践和成功人生的经验，我逐渐积累出了以上七个致富秘诀。我强烈建议所有渴望财富的人：

"我的学生们，巴比伦的财富远超过你们所梦想的，这里有的是充足的财富，每个人都能分享。

"砥砺前行，去实践真理，你就可以增长财富，变得富足，一切都会顺利。

"砥砺前行，去把这些真理教给国王陛下每一个可敬的臣民，让他们也可以自由地分享我们爱戴着的这座城市的财富。这是国王陛下的旨意！"

第四章

幸运女神的眷顾

幸运女神偏爱行动派。要为自己赢得好运气，就必须善于决断。

巴比伦的经学院非比寻常。在这座特殊的建筑里，每晚都有许多人聚集在一起，围绕在他们可敬的老师身边，讨论有趣的话题。

在经学院内，所有人都平等相待，连最卑微的奴隶都可以以平等的姿态与王公贵族成员讨论。

一天晚上，当阿卡德悠然踏入他的专属演讲厅时，已有 80 个人坐在各自的小地毯上等待。

阿卡德问大伙儿："今晚我们讨论什么？"

"我有一个话题。"一个高个子的织布工习惯地站了起来，"今天我是幸运的，因为我捡到了一个钱包，里面有金币。我衷心期盼这份好运能够长久相伴。我感觉大家都与我有同样的愿望，所以，我建议我们讨论'幸运'。让我们寻找是否有什么途径可以遇见幸运女神。"

"呈现在我们面前的是一个最有趣的话题。"阿卡德说，"一些人认为好的运气只是一次意外；而对其他人来说，好的运气只是幸运女神对她中意的少数人的馈赠。我的朋友们，我们应该去探讨幸运是否有可能降临我们每一个人身上？"

"是的！是的！还有其他很多！"听众争先恐后地回答。

"与其埋怨天黑，不如点起一支蜡烛。想要幸运降临，需要行动起来。你们之中有谁能够给我们从哪里开始寻找幸运提供点建议？"阿卡德问道。

"我来。"一个穿着华丽长袍的青年站起来，"当一个人说到运气时，他就自然想到博彩，我们不是见证过赌桌边许多人怀揣一夜暴富的梦想而祈求自己幸运不断吗？"

"请继续说下去。"当他回到座位，有一个声音传来，"你本人在赌桌边邂逅好运了吗？"

"我承认自己手气不佳，幸运女神好像压根就不知道我在那里。"他答道，"在座各位怎么样？你是否发现幸运正在什么地方向你招手？"

"一个有意义的开端。"阿卡德发声，"我们汇聚于此，考虑每一个问题的方方面面。忽视博彩，就会忽视绝大多数人都有的一种本能，即喜欢冒险，渴望赢钱。"

"这提醒了我昨天的赛马。"另一个人说，"如果幸运女神经常光顾博彩，她当然不会无视赛马。阿卡德，告诉我们，幸运女神有没有偷偷告诉您把赌注押在尼尼微的灰

马上？昨天我正站在您的身后，我几乎不敢相信您会对那
匹灰马下赌注。您与我们同样知道，整个亚述没有一支队
伍会击败我们可爱的枣红马。事实却是，好运似乎悄悄对
您说，当它们转过最后一个弯狂奔时，排在里面的黑马会
失足，妨碍了我们的枣红马奔跑，于是灰马就冲上前去，
一马当先，意外赢得了比赛。"

阿卡德听完这番玩笑话，幽默地说："你们为什么认
为幸运女神会对一个人在赛马上的赌注如此感兴趣呢？我
发现它其实不是博彩。对于博彩，人们输掉的钱比赢得的
更多。

"在买卖这种诚实的交易中，一个人可以期待从他的
交易中获利。但不能保证每次都能如愿获得回报，因为有
时候他的判断并不准确。

"如果他坚持不懈，他还是可以期待获利。因为机会
总爱垂青这样的人。

"但是当一个人玩博彩时，获利的机会总是与他擦肩
而过，并且总是有利于庄家。博彩就是这样设计的，庄家
的交易就是为自己安排大笔的利润。很少有玩家懂得怎样
判断博彩庄家的利益，他们自己赢利的机会是多么渺茫。

"举个例子，骰子会有助于我们考虑如何押注。每次
我们抛骰子，向上的一面如果是红色，庄家会付给我们所

下注 4 倍的钱。如果显示其他 5 个面的任何一面，我们就输钱了。从概率上说，这个数字显示玩家每一次投注都有 5 次输的可能，同时由于红色面需付 4 倍，他就可能赢 4 倍的钱。一晚上下来，庄家必然赢得所有赌注中的五分之一，你却必然输掉你赌注的五分之一。谁还有希望在这种早已设定的结局中赢得更多的钱？"

"但是有的人真能赢得一大笔钱。"有个听众喃喃地说。

"对，他们确实做到了。"阿卡德继续说，"请想一下，用这种方式获得的钱是否带来价值。当有人得到这笔钱时，这个想法经常困扰我。在我的熟人中，有一些称得上巴比伦的成功人士，但是在他们中间，我还没能看到任何一个靠这种方式获得事业成功的人。你们今晚在这里的人一定认识我们城市某个富翁。我很想知道，真的有谁是靠在赌桌上赢钱获得事业成功的吗？你们对此有何看法？"

经过一段长时间的沉默，终于有一个声音打破了沉寂："您所问的包括游戏庄家吗？"

"如果你想不出其他任何人了，他们也可以包括在内。但是看着我们自己，我们之间是不是有一直赢钱的人，正在踌躇要不要说出他的生财之道就是博彩？"

他的问题引起后排的一阵骚动，接着又引来了别人更大的笑声："看上去我们正在寻找的幸运女神并没有降临在我们期盼的地方。"

"你们之中有谁像我们的织布工朋友捡到钱包或值钱的东西那样幸运？什么，一个都没有吗？这种幸运纯属偶然，怕一辈子也碰不到一回。另外，你们之间有谁遇到过幸运却让它从身边悄然溜走？"

这时，许多只手举了起来。"请你们中的一位来分享一下，让我们听听幸运女神是怎样从你那里逃之夭夭的。谁先来？"

一位年长的商人站了起来，平整了一下他的绅士式白色长袍。"承蒙您的允许，最受尊敬的阿卡德先生和朋友们，我很高兴与大家分享一个故事，说明幸运可以如此接近一个人但又怎样被他轻率地放走，使他后悔不迭。

"许多年以前，我刚刚结婚并开始准备赚钱。有一天我父亲来了，他满怀热忱地催促我参与一个投资机会。他一个好朋友的儿子注意到，在我们城市城墙外面不远处，有一大块贫瘠的土地，它位于运河上方的高处，那里没有水源能够到达。

"我父亲朋友的儿子设计了一个买下这块土地的计划：建造三个可以由牛拉动的大水车，抬高水源，将水引到土地上浇灌，使水草丰美。这些完成以后，再把土地分割成小块卖给居民作为畜牧场。

"我父亲朋友的儿子没有足够的资金完成这个项目。因为他和我一样，收入有限。他父亲，就像我父亲，需要供养一个大家庭但收入微薄。因此，他决定动员一群人与他合伙参与这个项目。这个群体包括 12 个人，每一个人都必须有能力挣钱并且同意将他所挣得的十分之一的收入投到这个计划里，直到土地出售。所有出资人将按照他们的投资比例公平地享有利润。

"父亲对我说：'你已经成年了，我希望你开始为自己挣下有价值的家产，这样你就会进入受人尊敬者的行列。我希望你能从你父亲一辈子碌碌无为的错误中吸取教训，去赢得利润。'

"'这正是我最热切的期盼，父亲。'我回应道。

"'我强烈地建议你去做，干你这个年纪应该干的正事，从挣得的钱中取出十分之一进行有利可图的投资。凭着这个十分之一的资金以及它将来给你挣来的钱，在你到我这个年纪时，就可以为自己积累一大笔财富。'

"'您的话都是智慧之语。我期盼变富，但是我的收入还要应对多种生活开销。因此，我犹豫着是否按照您的建议去做。我还年轻，有的是时间。'

"'我在你这个年纪时也是一样的想法。光阴似箭，一

去不返，但你看，许多年过去了，直到现在我还没有
开始。'

"'我们生活在不同的时代，爸爸。我不会犯哈丽麦的
老毛病①，重蹈覆辙。'

"'机会就在你面前，我的孩子，它提供了致富之路。
我恳求你明天一起床就去我朋友儿子的家，与他讨论，付
出你收入的十分之一参与这项投资。明天赶快去。机会就
摆在眼前，稍纵即逝，千万不要拖延！'

"'不顾父亲的劝说，我仍在犹豫。一个刚从东方回来
的商人带来的新长袍是如此富贵华丽，我和妻子都想拥有
一件，如果我同意将收入的十分之一参与投资，我们就不
得不放弃自己渴望已久的这些东西。我一直没有作出决
定，以致丢掉了机会。想来为时已晚，那个项目发展得比
任何人预料的都要成功，获利更为丰厚，使我悔之莫及。
这就是我的经历，展示了我是如何眼睁睁看着好运逃
走的。'"

"从这个故事中，我们可以看到好运总是等待着来到
善于抓住机会的人身边。"一个来自沙漠的面孔黧黑的人
评论道，"购置产业必须有起步资金，可以是一些金币或

---

① 犯哈丽麦的老毛病：阿拉伯谚语，意思为犯同样的错误。

者银币，这是从他所挣到的钱中分出一部分来进行第一笔投资。当我还是个小男孩的时候，我用一块银币买了一头小牛犊，从此开始了我的放牧生涯，这就是我财富的起源。现在我拥有了大量的牛羊群。"

阿卡德说："开始获得一笔财富后，好运也会接踵而至。对于所有的人来说，第一步至关重要，即从单纯依赖辛勤劳动获取报酬，转变为从挣得的钱中智慧地抽取红利。一些人幸运地从年轻时就开始这样做，由此在财富方面超越了那些后来才意识到这样做的人，以及那些根本没有采取行动的不幸的人，比如这位商人朋友的父亲。

"如果我们这位商人朋友，在他年轻时就抓住了这个机会，那么今天他将拥有更多的财富；如果我们的织布工朋友足够幸运，在当时走出第一步，现在就会成为一个伟大的财富创造者。"

"谢谢你的分享，我也想说说自己的看法。"一个来自邻国的陌生人站起来，"我是叙利亚人，说这里的语言不如你们流利。我想用一个词形容这位商人朋友。也许您觉得这样形容不礼貌，我还是要说。但是，哎呀，我不知道怎样说这个词。如果我用叙利亚语描绘，您会不明白。因此，请哪一位绅士告诉我应该如何形容因拖延而丧失了机会？"

"坐失良机。"一个声音说道。

"没错，就是这个！"叙利亚人喊叫着，兴奋地挥动手臂，"当机会到来时你却拒绝而干等着，说'我现在忙得不可开交'。我要对你说再见，机会决不会理睬这样斯条慢理的家伙。如果一个人渴望好运，就必须当机立断。那些面对机会来临却不迅速把握的人，终将坐失良机，就像我们的朋友，这位商人。"

商人站起来，很自然地鞠了一躬，以回应哄笑者："面前这位尊贵的客人，请接受我最诚挚的敬意，因为你以坦诚直率的姿态，毫不掩饰地说出了事情的真相。"

"让我们再听听另一个关于机遇的故事。谁能分享给我们另一个触动心灵的经历呢？"阿卡德满怀期待地请求道。

"我有故事。"一个穿红袍的中年男人站起来回应道，"我是贩卖家畜的，主要买卖骆驼和马，有时候也买卖绵羊和山羊。我要分享的故事真实地展现了我期待已久的机会如何在一个晚上悄然降临，然而，又悄然溜走。你们可以根据这个故事，作出自己的判断。

"为寻购骆驼，我沮丧地走了整整 10 天以后，在一个晚上疲惫不堪地回到这个城市，我忽然发现城门已经关闭并锁上。我的仆人为过夜支起帐篷，我们想吃一些食物却没有水。这时，我遇到一个同样被锁在城外的年长的农夫。

　　"'尊贵的先生，'他对我说，'从您的外表来看，我可以判断您是一个商人。如果是这样，我愿意卖给您一群品质优良的羊。唉，我的妻子因为发烧卧床不起，我必须赶回去照顾。我把羊卖给您，我和我的仆人马上就能骑上骆驼回家了。'

　　"天色一片漆黑，我看不清他的羊群，但是根据咩咩的叫声，我知道那一定是大羊群。我已经为寻找骆驼白白浪费了 10 天，我兴奋地与他讨价还价。在匆忙中，他给出一个最诱人的价格。我接受了价格，因为我很清楚我的仆人明天就能赶着羊群进入城内，以可观的利润卖掉。

　　"谈判结束，我叫仆人点起火把，我们开始清点羊群。农夫声称一共有 900 只羊。我不想描述清点这么多饥渴、疲倦、成群打转的羊该有多么麻烦，夜里清点简直是天方夜谭。于是，我直接告知农夫我将到第二天白天清点并付给他钱。

　　"'对不起，最尊贵的先生，'农夫恳求道，'请在今晚付给我，只要三分之二的钱。我先回去，把我的仆人留下，他非常聪明、有教养，稳重可靠，他明天早晨会帮您计数，剩下的钱可以交给他。'

　　"但是当时我固执己见，拒绝付款。第二天清晨我还在睡梦中，有 4 个从城内出来的商贩正好遇见羊群。因为这座城市面临着被敌人包围的危险，贮存的食物不多了。他们马上以高于昨晚 3 倍的价钱买下羊群，农夫接受了，当即卖出了羊。唉，好运就这样一去不复返。"

"这是一个不寻常的故事。"阿卡德评论道，"它说明了一个怎样的道理？"

"说明了时不我待，机不再来。当我们觉得这笔交易很划算时，就要果断付款。"一个鞋匠说，"如果价格合适，你就不要优柔寡断，如同战胜敌人一样。人性多变，我必须强调，他应该更多地向正确的方向转变，而不是在错误的道路上固执己见。而对错误，我们往往不听劝告顽固不化；而面对正确的选择时，我们却又摇摆不定，让机会从眼皮底下溜走。通常第一个判断是最好的，然而我总是发现自己很难在谈判中坚持完成交易。因此，为了克服自身的弱点，我应该迅速作出承诺，支付保证金。这样不仅能避免日后无尽的懊悔，还能防止我空留'好运本来应该属于我'的惆怅。"

"谢谢你！我还想说一点。"叙利亚人再次站了起来，"这些故事非常相像。每一次，机会都因为相似的原因倏忽飞走。每一次它都展示着诱人的前景，但是拖延者却总是左右摇摆。不用说，'现在'就是最好的时机，我只要做就很快能实现。如果像他们那样一拖再拖怎么能成功？"

"你言辞中充满智慧，我的朋友。"贩卖家畜的商人回应，"在这两个故事中，煮熟的鸭子都从拖延者那里飞走了，这并不奇怪，惰性存在于所有的人。我们期盼致富，但当机会出现在面前，却被我们错失良机，这很常见。听完这些，我们简直成了自己最可恶的敌人。

"我年轻时，不懂叙利亚朋友说的那些话。最初，我认为是我的错误判断导致自己丢失很多有利可图的机会。之后，我又归咎于自己那顽冥不化的性格。最后，我认清根源——一种毫无必要的拖沓习惯。我们需要的是果断，需要的是迅速而坚定的行动。面对暴露出来的本性，我痛恨不已，我就像是一头驴拉着一辆战车，感觉极度痛苦，希望立即挣脱这个敌人走向成功的彼岸。"

"谢谢！我要向商人先生请教一个问题。"叙利亚人说，"您穿着上等的长袍，不像那些穷人，您的言谈举止像一个成功人士。请告诉我们，当被拖延的习性缠绕时，您是否也会坐失良机呢？"

"像这个贩卖家畜的朋友一样，我也承认自己是一个拖沓者。"商人回答，"对于我来说，拖沓就如一个敌人，始终在暗中窥伺，等待时机阻挠我的成功。我说的这个故事，只是我经历的众多类似情况中的一个，都是因为这让我一次次错过了好机会，一旦我们发现其中的问题，克服它也就不难了。没有一个人允许盗贼从他那里抢走粮食，也没有人允许敌人赶走他的顾客并夺走利润。一旦我意识到这些行为正是由我的敌人所犯下，我便要坚决地将其克服。同样地，每个人期待分享巴比伦的财富前都必须克服自己的拖沓习惯。

"阿卡德先生，您是巴比伦最富有的人，许多人还说您是最幸运的人。您同意我说的吗？除非彻底战胜了拖沓习惯，否则没有一个人可以实现成功。"

"此话有理。"阿卡德承认道，"在我漫长的生涯中，我看到了一代又一代的人，沿着这些通往成功的贸易和知识的崎岖道路摸索行进着。机会降临这些人面前，一些人抓住机会，稳步朝着满足自己内心深处的愿望前进；但是大多数人彷徨不前，跌跌撞撞，最终倒在了后边。"

阿卡德转向织布工："你建议我们讨论'幸运'，现在，让我们听听你对这个问题是怎么看的。"

"我确实对好运有不同的看法。我原来以为它能极大地诱发人的欲望，让人毫不费力地得到自己想要的东西。现在我深知，此类事情并非人为所能招致。从我们的讨论中，我懂得了要为自己赢得好运气，就必须善于决断。所以，我今后要尽最大努力抓住来到我身边的机遇。"

"你已经很好地诠释了我们讨论的话题背后所蕴含的真理。"阿卡德答道,"'人无横财不富',好运往往就在机会后面却很少在别处出现。我们的商人朋友如果接受了上帝赐予他的商机,就会被好运笼罩。同样,我们贩卖家畜的朋友,如果买进了羊群并且以可观的利润将其转售,就会发一笔横财。

"这次讨论中,我们努力寻找吸引幸运降临的方式,我感觉我们已经找到了方法。两个故事都已经说明好运如何紧随机会而来。这些相似的幸运故事中包含着一个真理,那就是无论输赢,只要抓住机会,就可以迎来幸运。

"那些急于抓住机会改善他们生活的人,往往能得到幸运女神的眷顾,看来,幸运女神偏爱行动派。因此,如果一个计划符合最佳利益,请毫不犹豫地接受它;如果它与最大的利益相悖,请同样果断地摒弃它。

"行动将引领你走向你所渴望的成功。

"行动的人必定受到幸运女神的眷顾。"

第五章

五条黄金定律

财富会迅速到来，也会以同样的方式离开。黄金只为那些明白其定律并加以遵守的人保留。

"一个是装满金子的包袱，另一个是装着刻有智慧格言泥板的包袱：如果让你挑选，你会选哪一个?"

在沙漠灌木丛中的篝火跳跃的光影下，听众们那晒得黝黑的脸庞上，都洋溢着浓厚的兴趣与好奇。

"金子，金子!" 27 个人齐声嚷道。

老卡拉巴波狡黠地笑着。

"听，"他扬起了手，继续说，"听那黑夜里野狗在'汪汪'狂吠不已，那是因为它们饿瘪了肚皮。如果拿食物喂它们，它们会怎样? 一哄而上，互相撕咬和争夺。越是争斗得穷凶极恶，就越是想不到明天还会到来。

"人类也是如此。给他们黄金和智慧的选择，他们会怎样? 他们会忽视智慧而抢夺黄金。第二天他们就会哀号起来，因为不再拥有黄金。

"黄金只为那些明白其定律并加以遵守的人保留。"

晚间的阵阵冷风吹了过来，卡拉巴波拉了拉白色长袍，遮盖住他瘦弱的双腿。

　　"由于你们忠诚地为我一路长途跋涉服务，细心照料我的骆驼，在穿越炎热沙漠期间毫无怨言地紧紧跟随，更由于你们奋不顾身地与企图抢劫我货物的强盗搏斗，今晚我要告诉你们五条黄金定律，这是你们以前闻所未闻的故事。

　　"请继续听着，注意全神贯注聆听我所说的话，如果你能抓住其要旨加以领会，未来你一定会拥有滚滚财源的一天。"

　　他沉吟片刻，令在场的人肃然起敬。

　　星星在湛蓝的苍穹眨着眼，闪烁着水晶般的光芒。巴比伦清澈的天空下，在牢牢系住的帐篷后面隐约显现的，可能是正在升腾的沙漠风暴。帐篷旁边整齐地堆放着用兽皮覆盖的大捆货物。旁边，骆驼一个个趴在沙漠上，其中一些正满足地咀嚼着，另一些正"呼噜呼噜"地打着鼾。

　　"您告诉了我们许多有趣的故事，卡拉巴波。"骆驼商队货运工首领说，"我们为您的服务就要结束了，我们期待着您指引我们到更美好的未来。"

　　"我告诉了你们我在遥远且陌生的地方的冒险，但是今天晚上我要告诉你们的是阿卡德，一个聪明的富人的智慧。"

　　"他呀，我们已经听得耳朵都要生茧了。"货运工首领急切地说，"因为他是巴比伦的富豪。"

"他是一个富豪，而且他熟知获取黄金的途径，甚至是前无古人的。今晚我会告诉你们他最了不起的智慧，这些是他的儿子诺马沙告诉我的。那是许多年以前在尼尼微，当时我还是个小伙子。

"我的主人和我怀着渴望走进诺马沙的豪宅。我帮着我的主人将带来的一大捆上好的地毯呈给诺马沙，每一张地毯都由他亲自查验，直到挑出他满意的色彩。最终，他高兴地要我们坐在他身边，喝着一种罕见的香气扑鼻、热气直冲脑门的葡萄酒，喝完胃里感觉暖暖的，但我还是不太习惯这种酒的味道。然后，他告诉我们他的父亲阿卡德的伟大的智慧，就是我要告诉你们的这样。

"在巴比伦，如你们所知道的，那是一种习俗。就是儿子与他们富裕的父母住在一起，以便于继承财产。阿卡德却不认可这种风俗。当诺马沙成年时，阿卡德叫来这个年轻人并对他说：

"'儿子，我希望你来继承我的家产，但是你首先必须向我证明你有干练地处理家产的能力。因此，我希望你走出去历练，显示出你挣钱的能力，获得别人的尊敬。

"'为了让你有一个好的开端，我给你两件东西。当我自己作为一个穷小子开始闯荡江湖的时候，我可没有这两样东西。

"'一个是,这个装着金子的包袱。如果你睿智地使用它,它会成为你未来成功的本钱。

"'另一个是,这块泥板,上面刻写着五条'黄金定律'。只要你将这些理念付诸行动,它们将赋予你成就与心安。

"'从今天算起,10年后,你再回到这个房子里,向我阐述你的经历。如果你证明了你的价值,我就让你继承我的万贯家产。否则,我会把它捐给寺院,用来换取我灵魂的慰藉和上帝的怜悯。'

"诺马沙就这样出去闯自己的天地,他随身带着装有金子的包袱。泥板被小心翼翼地用丝绸包好,由他的仆人牵马驮着。

"岁月如梭,10年一晃而过。诺马沙,就如他曾经承诺的,回到了他父母的家。父母为他举行盛宴接风洗尘,邀请了众多亲戚朋友光临。宴会散去,父亲和母亲坐上主座,就像宫殿里的王座一样。诺马沙站在他们面前,像他曾经给父亲许诺的那样叙说自己这些年来的经历。

"那个晚上,房间里弥漫着油灯灯芯发出的烟雾,光线因此变得朦胧而昏暗,只能勉强照亮四周。穿着白色长袍的仆人们,用长棕榈扇有节奏地扇出些湿润的空气。一种尊贵的气氛渲染四周。诺马沙的妻子和两个儿子,以及家庭其他成员和朋友，坐在他身后的地毯上，迫不及待地倾听着。

"'父亲，'他恭敬地开始了，'我为您的智慧折服。10年前当我步入成年大门时，您吩咐我出去闯荡，而不是沦为命运的附庸。

"'您让我自由支配您的金子，并给了我自由支配的智慧。金子，啊！我必须承认因为我灾难性的处置，它消失得无影无踪。由于我缺乏经验，它们就像是被年轻人初次捕获的野兔，一有机会就仓皇而逃。'

"父亲溺爱地笑了：'人有失手，马有失蹄，原本寻常。接着说，我的孩子，我对这故事的所有细节都有兴趣。'

"'我决定前往尼尼微，它是一个正在发展的城市，我相信我会在那里碰到好运。我加入了一支沙漠商队，和其中一些成员结交了朋友。其中有两个很能说，他们有最漂亮的白马，跑得像风一样快。

"'在旅途中，他们私下告诉我，尼尼微一个有钱人的一匹坐骑跑起来四蹄腾空，如离弦之箭，从来没有被打败过。它的主人相信世上没有一匹活马能够拥有更快的速度，无论他下多大金额的赌注，他的马总是能超过巴比伦的任何一匹马。但是，与他们自己的白马相比，我的朋友拍着胸脯说，尼尼微的这匹马只不过是一头无用的蠢驴，他们的马可以轻松超越它。

"'他们许诺了很大的好处，让我加入他们的赌博。我很快就被这个计划冲昏头脑，下注了很多钱。

"'我们的白马惨遭败绩，我丢掉了我的金子。'听到这里，父亲笑了。'后来，我发现这不过是这些人精心设计的圈套，他们的沙漠商队一边寻找受骗者一边不停地旅行。您看，尼尼微的人与他们串通一气并且瓜分他们赢得的赌钱。这次深刻的受骗教训给我上了学会保护自己的第一课。

"'很快，我又碰到了另一件事情，同样苦涩。商队里与我成为好朋友的另一个年轻人，也是一个富家子弟，像我一样去尼尼微寻找机会。我们到达后不久，他告诉我有一个商人死了，我们可以廉价获得他的商店和充足的货物的所有权，并且说我们可以成为平等的合伙人，但是他必须先返回巴比伦取来他的金子。他劝说我自己先买下这个商店，并承诺稍后会用他自己的金子来支持我们共同的风险投资。

"'他耽搁了很久才动身去巴比伦，事实证明他只是一个不可靠的买家和一个愚蠢的青年。我最终退出了与他的合作，当时买卖已经在进行中，我们只剩下了卖不掉的货物，没有更多的钱去进货。最后我只能用可怜的价格把货物贱卖给一个以色列人，血本无归。

　　"'接踵而至的是，我告诉您，父亲，在悲惨的日子里，我找到了一份活儿。结果却发现，由于我未经商业训练，挣不到钱，被迫卖掉了我的马，卖掉了我的仆人，卖掉了我多余的长袍，才使我填饱肚子，有了睡觉的地方。但是严酷的生活依然如梦魇一般缠绕着我。

　　"'就在这段艰难的岁月里，我想起您对我的信任，父亲。您送我出去的目的就是让我成长为一个真正的男人，对此，我决心要实现。'"

　　母亲在一旁低头啜泣着，轻轻擦拭泪水。

　　"'这个时候，我想起了您给我的泥板，上面刻写着五条黄金定律。我取出泥板，一字一句地阅读上面的智慧格言，明白了如果我首先寻找智慧，我的黄金就不会丢失。于是，我用心领会每一条定律，决心当命运女神再一次向我伸出橄榄枝时，我会听从年长者的智慧而不是毫无经验地瞎碰乱闯。

　　"'面对今晚坐在这里的你们，我要再一次宣读父亲十年以前刻在泥板上的智慧。

五条黄金定律

1. 那些将所得不少于十分之一的钱用于为未来和家庭

创造财富的人，黄金总是乐于聚拢在他们身边，并且迅速增长。

2. 黄金为其聪明的主人勤勉工作，主人总会发现其有利可图的用途，使它的价值增大，就如同田野上的羊群一样迅速繁衍。

3. 黄金必须得到其所有者谨慎的保护，投资应听取明智者的忠告。

4. 投资不熟悉的领域或者未曾讨教明智者，投资者将丢失黄金。

5. 强迫黄金勉为其难去获得不切实际的收益，盲目听从骗子或阴谋家的蛊惑，或者在投资中迷信自己的无知和幻想者，黄金都将一去不返。

"'由父亲亲手所写的这五条黄金定律，我认为它具有比黄金本身更大的价值。接下来，我将通过我的故事继续揭示这一点。'

"他再次把脸转向父亲，'我已经告诉您，我的经历带给我的贫困和绝望。

"'然而，倒霉的厄运不会没有尽头。当我获得一个负责管理在新建城墙上劳作的奴隶队伍的岗位时，我的转机就来了。

"'得益于我对第一条黄金定律的了解，我从自己挣的第一笔钱中攒下一个铜币，之后每当有机会，我都会继续增加储蓄，直到我拥有了一枚银币。这是一个漫长的过程，因为一个人必须生活。我几乎不愿意花钱，我承认，因为我决心要在 10 年的期限结束前赚回钱来，赚得与父亲给我的一样多。

"'有一次与我已经很熟稔的一位奴隶主人对我说：'你是一个节俭的青年，从不随意挥霍。你一直在攒钱吧?'

"'是的，'我回答，'我的最大愿望就是攒下钱财，弥补我父亲给我的和我自己损失的金子。'

"'很有远见，我同意。但是你知道你节省下来的钱可以为你所用，挣得更多的钱吗?'

"'哎！我的经历是惨痛的，我父亲的金子已经丢失了，我非常害怕自己重蹈覆辙。'

"'如果你信任我，我可以在金钱的生利方面替你谋划一下。'他缓缓说道，'不到一年，我们的城墙就会完工，然后要在每一个进口处装上厚实坚固的城门，以保护城市抵御敌人的进攻。但是整个尼尼微缺少足够的金属铸造城门，国王陛下也没有想到办法从哪里弄来金属。我的计划是，我们这些人凑一笔金子，派一支骆驼商队前往遥远的铜矿和锡矿，把建造城门所需金属带回尼尼微。一旦国王下旨'建造城门'，我们就能独家提供金属，国王就会出高价收购。即使国王不从我们这里购买，我们仍然可以用合适的价格抛售金属。'

"'对于他的提议，我承认是一个履行第三条定律的机会。在聪明人的指导下我投资了我的积蓄。结果没有让我失望，我们凑钱合作的买卖成功了，我的那点黄金储备由于交易获得迅猛增长。

"'在另一次的投资中，我被接纳成为这一团体的成员。他们是让黄金生利的高手。他们在投资以前，仔细讨论着每一项提出的计划。他们不可能丧失本金或者将其套牢在无法收回的项目上，像赛马和我由于没有经验而入股做生意这样愚蠢的事情，不会被他们考虑。因为他们立刻就会指出其中的破绽。

"'通过与这些人的合作，我学会了安全地投资以获得回报。年复一年，我的财富增长得越来越快。我不仅收回了之前损失的钱，而且额外挣到更多。

"'通过我的不幸遭遇、我的磨炼以及最后的成功，我经受住考验，获得了五条黄金定律的智慧。父亲，我的每一次考验都证实了它们是真理。对于没有掌握五条定律知识的人来说，金钱不仅不会经常粘上身来，还会弃他而去。而对于恪守五条定律的人，财富就会接踵而至，并且像他尽职的仆人一样工作。'"

诺马沙停止说话，向一个正在房间一角忙碌的仆人示意。那个仆人见状朝前走来，瞬间将三个沉重的皮包袱拿到前面。诺马沙走到他父亲面前放下其中一个包袱，说：

"'您曾经给了我一袋金子，那是巴比伦的金子。看，我还给您一个同样分量的尼尼微金子。所有人都认为它们是等值的。

"'您曾经给我一块刻有智慧的泥板。瞧，取而代之的，我奉还两个黄金包袱。'说着，他接过仆人身上的另两个包袱，同样把它们放在父亲面前。

"'我用此向您证明，我认为您智慧的价值远非黄金可比。衡量过包袱分量的人，能够衡量智慧吗？没有智慧，那些拥有黄金的人很快就会失去它。当然，黄金也可以被那些两手空空的人获得，如同这三个包袱所证明的那样。

"'确实，这给了我最人的满足。父亲，现在我站在您面前告诉您，由于您的智慧，如今的我脱胎换骨，成了一个富裕的且受尊敬的人。'

"父亲慈爱地用手抚摸诺马沙的头：'你很好地学到了这些智慧，我确实很幸运地拥有一个可以托付家产的儿子。'"

卡拉巴波停止了讲述，目光扫视着他的听众。

"诺马沙的故事对你们有什么启发？"他问道，"你们中间有谁可以向你的父亲或者岳父说明自己如何聪明地处理挣来的钱？

"'我去了很多地方，学到了很多，干了很多也挣了很多。但是不幸得很，手中存下的钱却很少。它们有的被我花在了最需要的地方，有些属于愚蠢的浪费，大量的则是不明不白地花了。'有生活经验的人听到你说的会怎样想？

"有的人坐拥财富，有的人一贫如洗，你们会抱怨这是命运不公吗？如果这样，你就弄错了。

"一个人只要掌握五条黄金定律并且加以恪守，就不愁大量财富不来。

"我在年轻时学习了这五条定律并且铭记心中加以遵守，我就成了一名富商，而不是靠一些奇妙的魔法积累起我的家财。

"财富会迅速到来，也会以同样的方式离开。

"能够为其主人带来愉悦和满足的财富是逐渐积累的，因为它是一个学习知识和坚持目标的结果。

"挣得财富对于爱思考的人来说只是一个轻微的负担，持之以恒地承受负担，就能到达理想的彼岸。

"遵守五条黄金定律，必将给你带来丰厚的回报。

"五条定律的每一条都意蕴深刻。为防止你们因为故事的简短而忽视其中的道理，我现在重温一下。我从心底理解它们，因为我年轻时就看到它们的价值。我逐字逐句地研究理解它们，直到烂熟于心，否则我绝不会满足。"

第一条黄金定律

"'那些将所得不少于十分之一的钱用于为未来和家庭创造财富的人，黄金总是乐于聚拢在他们身边，并且迅速增长。'

"一个人持续将他收入的十分之一储存下来，并聪明地投资，就能积累下一笔可观的财产，保障他的未来生活，并且在上帝召唤他离开人世前，为进一步确保他的家庭而创造有价值的家产。这条定律也说明了黄金乐于来到这样的人身边。我可以用自己的经历证明，我积攒的金子越多，黄金就越容易到来并且数量增加得更大。我积累下的金子越多，即如你所愿，就会增加更多财富。这就是第一条黄金定律的含义。

第二条黄金定律

"'黄金为其聪明的主人勤勉工作，主人总会发现其有利可图的用途，使它的价值增长，就如同田野上的羊群一样迅速繁衍。'

"金子，确实是一个心甘情愿的仆人。当机会来到它面前时，它更会急于自我增长。对于每一个储存了金子的人来说，最为有利可图的机会终将到来。随着岁月流逝，财富会以惊人的速度翻倍增长。

第三条黄金定律

"'黄金必须得到其所有者谨慎的保护，投资应听取明智者的忠告。'

"黄金，喜欢粘着谨慎的主人，逃离粗心的主人。寻求有经验者的忠告，很快就能学会如何不损失财富，而将其置于安全处，在持续增长中获得快乐。

第四条黄金定律

"'投资不熟悉的领域或者未曾讨教明智者，投资者将丢失黄金。'

"对于拥有金钱但是还没有掌握其处置技巧的人来说，似乎有许多可以谋取利润的途径，其实也充满了赔钱的风险。如果有内行人加以分析，就会显示只有很小的赢利可能。因此，缺少经验的金钱主人仅凭他自己的判断，投资于他所不熟悉的领域，大多数情况下他就会发现自己判断不够缜密，因而损失了自己的财富。确实，在精于黄金处置的人的指导下投资，才是安全的。

第五条黄金定律

"'强迫黄金勉为其难去获得不切实际的收益，盲目听从骗子或阴谋家的蛊惑，或者在投资中迷信自己的无知和幻想者，黄金都将一去不返。'

"如冒险故事那种引起激动的空想总是与黄金如影相随。那些人似乎有使他们的想法变出财富的神奇力量。但是聪明的人明白每一个一夜暴富的计划的风险。不要忘记尼尼微的富人，他们从来不损失自己的本金，也不会把本金绑定在无利可图的投资上。

"我的五条'黄金定律'的故事已经讲完了。在讲故事的同时，我已经说出了自己成功的秘密。

"然而，它们并非秘密，而是每一个人都应该首先学习的真谛。否则就会像野狗，每天为吃的东西发愁，而不得不在那种境地中摇尾乞怜。

"明天，我们就到巴比伦了。看！那在贝尔神庙上永恒燃烧的圣火！我们已经看到了黄金之城。明天，你们每一个人就会拥有财富，你们通过忠诚服务就能挣得金子。

"从今夜起，10 年以后，你们会怎么看待这些金子？

"你们中间如果有人像诺马沙一般，利用自己的一部分钱购置地产，并在阿卡德智慧的引导下一往无前，今后10年就是一场安全的财富赌博，就像阿卡德的儿子，最终你们会致富并且受人羡慕。

"我们聪慧的行为将终身伴随我们、愉悦我们、帮助我们。同样地，我们不明智的行为会一直困扰我们、折磨我们，这种教训是刻骨铭心的。对了，不应忘记在折磨我们的行列里，有我们本来应该做的事情，有来到面前我们却没有抓住机会的记忆。

"巴比伦遍地财宝，没有人可以计算它拥有的财富的价值。每年，大家都变得更有钱，更富裕。就像别的地方一样，巴比伦的财富是一种回报，是对致富的奖赏。

"你的渴望是神奇的力量。指导这种力量的就是五条'黄金定律'。由此，你就有资格分享巴比伦的财富。"

第六章

巴比伦的放债人

不要出于同情心而把钱托付给别人。

金钱会以意想不到的方式从那些不善于保护它的人身边消失。

50 枚金币！长矛匠罗丹的皮制钱包里，过去从来没有出现过这么多黄澄澄、亮闪闪、沉甸甸的金币。从最开明的陛下的宫殿里，沿着国王大道走出来，腰带上的钱袋随着他的步伐有节奏地晃动，发出金币碰撞的响声。这是他听到过的最悦耳的音乐。

50 枚金币，全都是他的！他几乎不能相信自己如此好运。这些叮当作响的钱币蕴藏着什么力量？它们可以购买他想要的任何东西，宽敞的房屋，还有土地、耕牛、骆驼、马、马车，他梦寐以求的一切。

他该怎样花掉它们？今晚，当他转向通往他姐姐家的一条小巷时，他想不出有什么东西比他拥有的那些闪闪发光的、沉重的金币更让他想要拥有的了。

几天后的一个夜晚，困惑的罗丹进入了马松的商店，马松是一个放债人，珠宝和高档纺织品的经营商。罗丹无视左右两边展示的色彩斑斓的手工艺品，径直走向后面的生活区。在这里，他看到有绅士风度的马松悠闲地坐在地毯上，一个黑仆正伺候他吃饭。

"我想向您请教，我不知道该怎么办。"罗丹呆板地站着，两脚分开，皮夹克的前襟敞开，露出毛茸茸的胸膛。

马松看着他，狭长而灰黄的脸庞露出了友好的微笑："'无事不登三宝殿。'你做了什么出格的事来找我？你赌博输了，还是有什么粗笨的女人缠住了你？我认识你许多年了，你过去遇到棘手的难题还从来没有找过我。"

"不，不，不是那样的。我不是因为钱。相反，我是来寻求您的忠告的。"

"听，你说的什么！没有一个人会到放债人那里寻求忠告。我一定是耳背了。"

"您听到的没错。"

"真的吗？罗丹，长矛匠，居然会开一个比其他人更狡猾的玩笑。因为他来到马松这里，不是为了金钱，却是为了忠告！许多人来找我，是为了弥补他们的愚蠢行为。至于忠告，他们并不想要。在陷入债务困境时，有谁能比放债人更擅长提供忠告呢？"

"你和我一起吃饭吧，罗丹。"他继续说，"今晚你是我的客人。"随后，他命令黑仆："安东！为我的朋友，长矛匠罗丹铺上地毯。他来寻求忠告，是我尊贵的客人。多给他端上些吃的，拿出我最大的酒杯给他。挑选上好的酒，让他尽情畅饮。

"现在你可以告诉我，你碰到了什么麻烦？"

"是国王陛下赏赐的礼物让我心神不宁。"

"国王陛下的礼物？国王陛下给了你礼物，而它又给你带来了麻烦？这到底是一份什么礼物？"

"由于国王陛下对我展示的给他卫队使用的长矛上一个细节非常满意，他就赏赐了我 50 枚金币，而现在我却非常困惑。每当太阳穿越天际时，我都会收到那些要与我分享金币的人的请求。"

"那是自然的。许多人贪得无厌，总想得到比现在更多的钱，而且希望遇到容易接受分割要求的人。但是你能说'不'吗？你的拳头有他们的硬吗？"

"对许多人我可以说'不'，但有时我也不得不说'行'。一个人恐怕不能拒绝与他唯一爱戴的姐姐分享。"

"你的亲姐姐不会剥夺你享受赏赐的机会吧。"

"她是为了她的丈夫阿拉曼，她希望丈夫腰缠万贯。

"她感觉阿拉曼从来没有碰到什么机遇。因此请求我把这钱贷给他，这样他就能成为富商，然后把他做生意赚来的一部分利润还给我。"

"我的朋友，"马松又说，"你带来的话题很值得讨论。金钱给其拥有者带来了责任，改变了他在周围的人中的地位。然而，它也带来了让我们坠入地狱的恐惧，让持有者唯恐失去它或被人骗走，但它又带来了一种做好事的能力和力量感。你曾经听到过尼尼微有个农夫能听懂动物语言的故事吗？这个故事不是你们喜欢听的关于青铜作坊的铜匠锻工的。我要让你明白，借钱与贷款不等于把金子从一个人的手里交到另一个人的手里那么简单。

"这个农夫能听懂动物的语言，于是每天晚上都在自家院子里溜达，只为了听动物之间说的话。一天夜里，他听见公牛对着毛驴悲叹自己的处境：'我从早到晚都拖着犁在犁地。炎炎烈日下，不管我的腿多么疲惫，或者我的脖子被犁弓如何磨破，我仍然必须劳作。而你却十分清闲，你被盖上一条彩色的毯子，除了驮我们的主人去他想去的地方，不用干别的。当他不去别处时，你就可以享用着鲜嫩的青草，悠闲地休息一整天。'

"尽管这头驴有着凶恶的蹄子，经常踢人的后腿，但它是个善良的家伙，它同情公牛的遭遇。'我的好朋友，'它回答说，'你辛勤劳作，我愿意帮助你减轻负担，告诉你怎样才会得到一天的休息时间。当早晨仆人来拉你去耕地时，你就躺在地上，使劲吼叫，他就会说你病了不能干活儿。'

"公牛听了驴的劝告。第二天早晨，仆人回到农场主那里报告说公牛病了，不能拉犁。

"农场主说：'犁地不能停下，就拉驴去犁地。'

"整整一天，那头仅仅想帮助朋友的驴被迫去干公牛的活。夜幕降临，它才被卸去犁具，它的心无比苦涩，它的腿颤抖无力，它的脖子被犁具磨破而红肿疼痛。

"农夫又走到院子里听它们的谈话。

"公牛首先开口：'我的好朋友，由于你的提议，我享受了整整一天的休息。'

"'我呢？'驴反击道，'我像其他许多头脑简单的家伙一样，开始是想帮助朋友，结果以他自己被迫替别人干活而结束。以后你拉你的犁，我听见主人已经告诉仆人，要是你再生病，就把你送到屠夫那里。我希望他真会这样，因为你是一个懒惰的家伙。'此后它们再也不说话，就此结束了彼此的友谊。罗丹，你能说出这个故事的寓意吗？"

"这是个不错的故事。"罗丹回答，"但是我没有听出寓意。"

"我也认为你听不出，但它确实有寓意且显而易见，就是：如果你想帮助你的朋友，要用一种不会把你朋友的负担转嫁到你自己身上的方式。"

"我没有想到这个，这确实是个睿智的寓言。我希望不要接过我姐夫承受的压力。但是请告诉我，您借出了很多钱，有没有要不回来的?"

马松笑了，是一种饱经沧桑的笑。"如果借钱的不还，出借的还能看不出来吗? 他必须审慎判断，他的钱是否有适当的用途、到期能不能收回来；或者借钱者是不是小心花费，借款会不会被肆意挥霍，根本无法偿还。来，我向你展示我抵押品箱子里的东西，让它们告诉你其中的一些故事吧。"

走进房间，马松拎出了一个箱子，有他伸开手臂那样长，箱子上覆盖着红色猪皮，上面镶嵌着铜片。他把箱子放在地板上，蹲下身，双手放在盖子上。

"每一个向我借钱的人，都会在我的箱子里留下一件抵押品作为担保，直到贷款还清。当他们还了钱，我就归还抵押品。否则，抵押品就一直提醒我这些人不值得信任。

"抵押品箱子告诉我，最可靠的借款来自那些其所拥有的家产价值大于他们希望借贷金额的人。他们拥有土地和宝石，或者骆驼，或者其他可以出售以偿还借款的财产。抵押品中有价值超过贷款的钻石。有的人保证说，如果借钱没有按照约定偿还，他们会交给我一些财产作为充抵。这种借贷，使我坚信我的金钱加上利息会得到偿还，因为借贷建立在财产基础上。

"次一等的，是那些虽然没有大笔财富却有挣钱能力的人。他们就像你一样，靠劳作或者服务取得报酬。如果他们诚实可靠也没有遭遇不幸，就会有收入。我知道他们能够偿还我借给他们的本金和利息。这种偿还建立在他们个人努力的基础上。

"剩下的就是那些既没有财产也没有挣钱能力的人。他们不名一文，日子过得凄惨而且束手无策。唉，对于我借给他们的钱，即便很少，在以后的岁月里，除非借款人的好朋友们为他担保，证明他值得信任，否则我的钱箱在未来几年可能会让我蒙受损失。"

马松解开环扣打开箱盖，罗丹伸长脖子急切地往其中张望。

箱子上层是一个放在红布上的铜项圈，马松拿起它轻柔地抚摸。"这个东西会一直在我的箱子里，因为它的主人已经去世，进了坟墓。我视若珍宝的不仅是这个抵押品本身，更是它背后承载的与他的点滴回忆，因为他曾是我的好朋友，我们做过许多次成功的生意，直到他娶了一名从东方带来的美丽女子。不像我们这里的妇女，她拥有令人眩目的姿色。我的朋友慷慨地一掷千金，以满足她的奢望。当钱花得精光后，他就沮丧地来找我借钱。我劝慰着他，并告诉他我会再次助他一臂之力，让他重新掌控自己的生活。他用伟大神牛的名义发誓他会归还的，但这并不现实。在一场争吵中，女子用一把尖刀刺进了他的心脏。"

"啊！那么那个女人怎么样了？"罗丹惊讶地问道。

"当然，这块红布就是她借钱的凭据。"他拾起了红布，"在痛苦的懊悔中，她跳进了幼发拉底河的滚滚波涛中，借款就再也不会归还了。这个箱子告诉你，借钱给那些处于强烈的情绪波动中的人是要冒风险的。"

"看，这个又不一样了。"他摸到了一个牛骨戒指，"这个属于一名农夫。我买过他妻子织的地毯。蝗灾来了，他们没有吃的，我帮助了他。当新一季庄稼成熟后，他偿还给我。后来他又来了，说到旅行者形容过的遥远地方有一种神奇的山羊。它们长着漂亮柔软的长毛，这些羊毛可以编织成比在巴比伦见到过的任何一种都漂亮的地毯。他想要一个羊群但是没有钱，于是，我借给他钱让他出门远足赶回羊群。如今，他的羊群已经开始繁殖，明年我能让巴比伦贵族为见到最昂贵的地毯而癫狂，他们自己凭运气才能买到。很快我就要归还他的戒指了，因为他保证会按时偿付借款。"

"有没有借款者不能及时还钱的？"罗丹问道。

"如果他们借钱是为了给自己挣钱，就会及时还钱。但是如果他们因自己的轻率之举而借款，我就劝告你得小心，你借给他们的钱也许就一去不返了。"

"来讲讲这个手镯吧！"罗丹请求着，拿起了一个镶着独特形状宝石、沉甸甸的金手镯。

"看来还是女人能吸引你的目光，我的朋友。"马松开着玩笑。

"我可比您差得远呢！"罗丹戏谑地回应。

"我同意，不过这次可不是浪漫故事。这玩意的主人是一个身材臃肿、脸上布满皱纹的老太太，她说话絮絮叨叨，词不达意，几乎快让我疯了。她家以前很富有，是我的忠实顾客，但是现在他们落难了。她的儿子想成为一名商人，她就来到我这里借钱，这样他可以当上沙漠商队合伙人，可以骑着他的骆驼穿梭于各个城市，进行货物交易。

"然而，商队老板其实就是个流氓。在一个遥远的城市，一天清晨，男孩还在睡梦中，老板就带着商队悄悄走了，丢下了这个身无分文、孤苦伶仃的可怜男孩。也许男孩到成年人时会还钱，但我现在得不到任何利息——除了更多的唠叨。不过，我承认她抵押的宝石比借走的钱更值钱。"

"这位老太太借钱时询问过你的建议吗？"

"完全没有。她夸赞她的儿子是巴比伦一个富有且有权势的人，如果反驳就会惹恼她，我就曾因此被她破口大骂。我知道这个缺乏历练的男孩面临的是冒险，但是他母亲坚持认为是安全的，我也无法拒绝她。"

"看"，马松挥动着一段打成结的绳子，继续说，"它是骆驼商人乃比的，当他买下一群超过他的资金的骆驼时，他交给我这个结作为抵押，我按照他的需要借给了他钱。他是一个精明的商人，我信任他的准确判断，因此借给他钱。巴比伦的其他许多商人也由于诚实可靠赢得了我的信任，他们的抵押品经常在我的箱子里进进出出的。好的商人是我们这座城市的财富，我帮助他们保持贸易运转，巴比伦就会繁荣昌盛。"

马松捡起一只绿松石雕成的甲虫，不耐烦地把它扔了出去。"这是来自埃及的虫子，拥有它的男孩却不在乎有没有偿还我的钱。当我责备他时，他却说：'我疾病缠身，怎么还钱？你有的是金山银山。'我能怎样？这个抵押品是他父亲的——一个有少量资产的人，他保证用他的土地和牲畜偿还儿子的债务。这个年轻人一开始真的发现了商机，然后就如蚊蝇逐血般追逐更大的财富。他涉世不深，认知不成熟，生意也就崩盘了。

"年轻人有雄心，他们不畏艰难，愿意为追求财富和心中所愿付出一切努力。为了迅速攫取财富，他们经常盲目借贷。从来没有经过磨砺的年轻人不懂人情世故，不明白没有希望偿还的债务就像一块沼泽地，一个人可能迅速地陷进去，而且会徒劳地挣扎许久，越陷越深。债务就是一个充满遗憾和懊悔的深渊，阳光被阴霾遮蔽，而夜里却因无法安睡而更加痛苦。我不是不鼓励借钱，我鼓励借钱，只是要有一个理智的目标，我自己就是靠借钱赚到了'第一桶金'。

"所以遇到还不起债的，我们放债人还能怎么办？年轻人一事无成，处于绝望中，不会作出任何努力来还钱。我又不可能转而扣下他父亲的土地和牲畜。"

"您告诉了我很多我有兴趣听的。"罗丹说，"但是，我还没有听到您对我问题的回应。我应该把我的 50 枚金币借给我姐夫吗？它们对我来说可是笔巨款。"

"你的姐姐是我非常尊重的女性。如果她丈夫来找我借 50 枚金币，我会问他借这么多金币干什么用。

"如果他回答希望自己成为我这样经营珠宝和家具的商人，我就会问：'你对这个行业了解多少？你知道从哪里可以用最低价格进货？你知道在哪里可以卖到好价钱？'他能对这些问题说'我知道'吗？"

"不，他不能。"罗丹认为，"他只是在制造长矛方面帮了我很多，在其他的买卖也助过我一臂之力。"

"因此，我会对他说他的目标并不明智。商人必须熟谚业务。他的雄心虽然可敬，却不可行，我不会把我的钱借给他。但是，想象一下他会说：'是的。我帮助了很多商人。我知道怎样去士麦那①用低价买进家庭主妇编织的地毯，我也认识巴比伦的许多富人，我可以向他们出售这些东西，大赚一笔。'然而我会说：'你的目标明确，你的雄心令人佩服。我乐于借给你 50 枚金币，如果你能给予我抵押品作为担保。'他可能会说：'除了我是一个有信誉的人之外，我无法作出保证。但我一定会按时偿还您的贷款，并给予您丰厚的回报。'于是我回答：'我非常珍惜我的每一笔财富。当你前往士麦那的途中金子被强盗抢走或者返回时带着的地毯被强盗劫去，你就不可能偿还我，我的钱就不翼而飞了！'

"罗丹，你看，金钱是放债人的商品，借钱是司空见惯的。如果它被稀里糊涂出借了，就很难被讨回。精明的放债人不希望承担风险而只想得到安全还款的保证。"

马松继续说："去帮助那些陷入困境的人，帮助那些命运跌落到谷底的人，帮助那些刚刚开始挣钱而竭力想维持自己体面的人。但是帮助必须是理智的，免得像那个农

---

① 士麦那：伊兹密尔的旧称，位于爱琴海边，今为土耳其第三大城市，是重要的工商、外贸和海运中心之一，同时也是历史文化名城、旅游中心。

夫的驴，本是出于帮助他人的好心，却承受了本来属于别人的负担。

"我再回到你的问题，罗丹，请听我的回答：留着你的 50 枚金币。无论是干活赚来还是作为酬劳，都是你自己的，没有人可以硬加给你与别人分享的义务，除非是你自己愿意。如果你打算把这些钱借出去，让它们为你赚取更多的金子，那么，请谨慎行事，并多方考察。确实，我不愿意让钱闲置，但更不愿意承担过多的风险。

"你做长矛匠已经多少年了？"

"整整三年。"

"除了国王陛下的礼物，你存下了多少钱？"

"3 枚金币。"

"每年你省吃俭用，拼命劳作，才存下一枚金币？"

"事实正如你说的那样。"

"那岂不是需要 50 年，才可以存下 50 枚金币？"

"差不多需要我干一辈子。"

"你的姐姐希望用你 50 年打拼攒下来的钱，让她丈夫尝试去做生意？"

"也许并非这样。"

"现在你对她说：'三年中除了斋戒日，我得天天起早摸黑，汗流浃背地工作，极力克制内心的欲望。整整一年的辛苦劳作和自我克制，我才存下一枚金币。你是我爱戴的姐姐，我衷心祝愿你的丈夫可以跻身商业，获得成功。如果他提交给我一份详细可行的计划，我就乐于借给他我全部的积蓄。这样，他就有机会证明他能成功。'按我说的去做，如果他内心怀有渴望成功的灵魂，他必定可以证明自己的实力。如果他在事业上未取得成功，他所欠你的债务将不会超过他未来有望偿还的数额。这就意味着，即使他失败了，他的债务也不会成为他无法承受的负担。

"我能成为放债人，是因为我拥有的金子比我用于交易的更多。我期盼我的多余资金为别人效力，这样我就可能挣得更多。我不希望冒丢失自己本金的风险，因为我成年累月地辛劳，也克制了自己很多欲望才积累起那些本金。所以，对于没有把握一定能安全返还的钱，我不再借出去。当我认为借钱人不会很快赚到钱偿还我时，我也不会出借。

"我已经告诉你，我的抵押品箱子里的一些秘密。从中你可以懂得人性的弱点和他们渴望借到钱却无法保证一定可以按时偿还的心态，你还可以看到他们经常怀抱一夜暴富的梦想。然而，若缺乏必要的能力或训练，这些梦想终将化为泡影。

"罗丹，你现在有了钱，你应该让它给你挣得更多的钱，你就会成为像我一样的放债者。如果你妥善保存你的财富，它就会为你挣更多的钱，你就可以一直享有富裕的快乐和利润的渠道；如果让它从你身边溜走，只要你的记忆还在，你只能持续悲伤和悔恨终身。

"你最想对你钱包里的金币做什么?"

"保持它的安全。"

"所言极是。"马松赞许地说，"首要之务是确保安全。想象一下它在你姐夫的监管之下，它真的会万无一失吗?"

"我想不会，因为他对于保护钱财并不在行。"

"因此不要出于同情心而把钱托付给别人。如果你要帮助你的家庭或朋友，去寻找冒财富损失风险以外的方式。不要忘记，金钱会以意想不到的方式从那些不善于保护它的人身边消失。同样地，与其让别人浪费你的财富，还不如让自己尽情花费。

"在安全保管你的钱财之后，下一个愿望是什么?"

"就是挣得更多。"

"你说得不错。应该让财富生息，不断增长。睿智地出借金钱可以让你这样的人在年迈以前赚得盆满钵满。如果你冒险丢失它，你也将失去它所能赚取的一切收益。

"因此，不要被那些不切实际的人的疯狂计划所左右，他们总异想天开地认为自己找到了让黄金赚取异常丰厚利润的方法。这种计划只不过是幻想家的拙劣梦幻，他们并不精通安全可靠的贸易法则。在期待财富增长时，要保持谨慎，这样才能保住并享受你的财富。被高利回报诱惑出借钱财只会招致损失。

"让他们自己寻找与已成功建立自己事业的人及商号合作，这样财富便能在他们熟练的操作下实现丰厚利润，在其智慧和经验的保护下安全无虞。

"这样，你就可以避免绝大多数人的悲惨命运，他们被上帝赋予财富，却并不能善加利用。"

当罗丹感谢他聪慧的忠告时，他没有倾听，而是说："国王陛下的礼物会教给你许多智慧。如果你保留着50枚金币，你确实必须谨慎。许多花钱的场合会考验你，许多人会向你提出建议，许多挣大钱的机会将向你招手。我的抵押品箱子的故事警示你，在任何一枚金币离开你的钱袋之前要确认让它回到钱袋的途径是安全、可靠的。如果你需要我进一步的建议，欢迎再来咨询，我很乐意为你提供帮助。

"在你回去前，可以阅读一下镌刻在我的抵押品箱盖上的话。它同样适用于借钱者和放债人：

"'与其事后追悔莫及，不如事前小心谨慎。'"

第七章

巴比伦的骆驼商人

没有人不尊重他自己，但是没有人会尊重不偿还债务的人。

一个人越是饥饿，头脑就越清醒，对食物的香味也就越敏感。

塔卡德，阿祖的儿子，已经几乎两天没有吃东西了。他只是从一个巴比伦人管家花园的墙上偷了两片小无花果，就被暴怒的管家一直追到街上。妇女尖利的叫骂声萦绕在他耳边，他行走其间，却努力克制着内心的不安，不让躁动不安的手去抢夺正在市场上闲逛的妇女们篮子里诱人的果实。

他在餐馆前徘徊，希望碰到熟人，借点铜币，换来店主的友好微笑和慷慨帮助。他知道，没有铜币，自己将不受欢迎。

正当出神时，他突然发现自己正面对着高大、骨瘦如柴的骆驼商人达巴希尔，这让他感到有些意外。

"哎，这不是塔卡德吗？我一直在找你，你应该归还一个月以前向我借的两枚铜币，还有在此以前向我借的一枚银币。我们低头不见抬头见，这些天我正好要用钱。现在就还吧！你觉得可以吗？"

塔卡德的脸"唰"地一下红到了耳根，顿时站住不动。他不想碰到直言不讳的达巴希尔："对不起，实在对不起，今天我没有银币也没有铜币可以还给您。"

"那就去挣吧！你当然能得到一些铜币和银币偿还你父亲一个老友的慷慨。他不是在你需要的时候帮助过你吗？"

"人倒霉了喝凉水都塞牙，我真的还不起。"

"倒霉？你为自己的无能责备上帝？霉运追随任何一个借钱多偿还少的人。过来，孩子，现在我要去吃饭了，我还要给你说一个故事。"

塔卡德在达巴希尔的粗鲁直率面前退缩了，但至少是被邀请进入了他渴望中的餐馆。

达巴希尔把他推到屋子里一个角落，在那里他们坐在一块小地毯上。

当餐厅老板卡斯科笑吟吟地出现时，达巴希尔用他惯常的随意对他说："你这沙漠里的肥蜥蜴，快给我上美味多汁的羊腿、面包和各种蔬菜，我饿得不行。哦，不要忘记了我的这位朋友，带给他一壶水，要凉的，现在天可真热。"

塔卡德的心往下一沉。看着这个男人开始大口嚼着整条羊腿，他却必须坐在这里喝倒霉的凉水。他沉默不语，想不到自己有什么可说的。

达巴希尔没注意到他的沉默，却很自然地对店里的其他顾客挥手示意，所有顾客都认识他。他继续说：

"我听见一个刚从乌尔法回来的有钱的旅行者说，他带回一块打磨得薄薄的玻璃，人们可以透视它。他把玻璃装在房间窗台上阻隔雨水。这个旅行者说玻璃是黄色的，他有幸可以透过玻璃望见世界，外面的整个世界看上去显得光怪陆离，不像它真正的样子。塔卡德，如果想象一下整个世界对每一个人都是不同的色彩，那会怎样？"

"那会……"年轻人回应着，眼睛却盯住达巴希尔面前油亮的肥羊腿，垂涎欲滴。

"哦，我知道它，因为我自己看世界与它本来的样子是完全不同的颜色，我来一个现身说法，告诉你关于我如何再一次看见世界本来的颜色。"

"达巴希尔要说故事了。"一个顾客对他的邻座说着，起身把自己的小地毯往达巴希尔那里拖近了一些。另几个正在吃饭的则端着他们的碟盘走过来，围成了半个圆圈。他们不时以壮实的身躯擦过塔卡德，还在他的耳朵边叽叽喳喳地说着。塔卡德孤身一人，没有食物。达巴希尔不仅没有让他与自己分享食物，就连从盘子里掉到地板上的那块硬面包的一个小角，也不愿意施舍给他。

"我要讲的故事，"达巴希尔开始了，把羊腿上一块诱人的肉扯成小块塞进嘴里，"是关于我早年的生涯和我怎样成为一名骆驼商人的故事。你们有谁知道我曾经是叙利亚的一名奴隶？"

一阵惊讶的嗡嗡声传遍了餐厅，达巴希尔满意地笑着。

"想当年，我年轻的时候，"达巴希尔又张开大嘴咬下几口羊腿后继续说，"我继承父亲的手艺，做马鞍。我在他店里工作，还娶了妻子。由于年轻不熟练，我只能挣很少的钱，仅够勉强供养我和妻子的开支。我向往那些贵重的东西。不久我碰到一个允许我赊账的店主，于是我沉溺在我的理想中，穿上高档的服装，给我的妻子买了很多东西。我任意挥霍，没过多久，我开始入不敷出，很快钱就花得不剩一个子儿。我没钱还债，债主追着要我偿付债款，我的生活也变得痛苦不堪。我在朋友那里借钱，一直不能偿还。事情越来越糟，我妻子一气之下回了娘家，我则离开巴比伦去寻找另一个我认为年轻人更有成功机会的城市。

"两年间，我为沙漠商队干活，过着颠沛流离的生活。我又加入了一个令商队痛恨的强盗团伙。这种行为让我羞做我父亲的儿子，但是我通过彩色玻璃看遍世界，却没有意识到自己已经堕落到何种地步。

"我们团伙的第一次行动获得成功，拦截了一个运载黄金和丝绸的富裕商队。我们把猎物带到吉尼尔城分散处理了。第二次我们没有那么走运，就在刚刚抢到货物时，我们遭到手持长矛的当地土著的攻击，商队曾向土著酋长付钱以寻求保护。而后，我们两个首领被杀，其余人被带到大马士革，在那里我们被剥去衣服卖作奴隶。

"一个叙利亚沙漠酋长用两枚银币买走了我。我被剃光头发，身上仅裹条腰布，与其他奴隶没有区别。作为一个鲁莽的青年，我认为那不过是一次冒险经历，直到我的主人把我带到他的四个妻子面前，告诉她们可以把我阉割掉。

"我这才明白了自己处境悲惨。这些沙漠里的人冷酷而野蛮。我没有武器也不可能逃跑，只能任凭宰割，听从她们的处置。

"当这四个妇女望着我时，我满怀恐惧，浑身战栗，心里祈祷能得到她们的怜悯。希拉，酋长的第一个夫人，要比其他几个年长。她看我时脸上表情十分冷漠，无奈之中，我只好转过脸去。第二个是傲慢的美人，她对我漠不关心，仿佛我只是地上的一条虫子。剩下两个年轻的只是偷笑，好像我只是一个非常有趣的玩物。

"我站着等待她们对我的判决。每一个妇人都似乎等着别人作出的决定，沉默不语，最后希拉用冷冷的声音说：

"'我们已经有很多阉人了，但是能养骆驼的人却很少。今天我要去探望我发烧生病的母亲，没有可以给我牵骆驼的奴隶。问问这个奴隶能不能牵一头骆驼。'

"我的主人问我：'你对骆驼了解多少？'

"我欣喜若狂，却极力掩饰，回答道：'我能让它们跪下，让它们驮物，牵着它们不知劳累地长途行走。如果需要，我也可以修理它们的鞍具。'

"'这个奴隶说得够多了。'我的主人在一旁看着，'如果你想要，希拉，就让这个人做你的驼工。'

"于是，我就转到希拉那里。当天夜里，我牵着骆驼走了很长的路到她母亲的家。我找了个机会感谢希拉为我说情，并告诉她我不是生来就做奴隶的，而是一个自由民，巴比伦的一个受人尊敬的鞋匠。我还告诉了她我的许多故事。她的话让我困惑，事后我仔细回味了她所说的话：

"'你如此懦弱，你怎么能称自己为自由民？如果一个人内心充满奴性，无论他出身于何种背景，他能不沦为一个奴隶吗？就像水向低处流淌一样，这种内心的倾向往往难以抗拒。一个人如果怀有自由民的灵魂，无论他的命运多么坎坷，他也将在他居住的城市里赢得他人的尊重与荣誉。'

"我作为一个奴隶，与别的奴隶生活在一起已经一年多了，但我始终未能融入其中。一天希拉问我：'其他奴隶都厮混在一起过日子，你仍然一个人在帐篷里？'

"我回答：'我沉浸于你的话语之中，仔细琢磨其深意。我困惑于自己是否真有奴性，我不能融入他们，必须

独处。'

"'我也是独处。'她说,'我的嫁妆丰厚,我的丈夫因此才娶了我,但是他并不爱我。每个女人都期盼得到宠爱。由于我未能生育,没有儿女,就只能独自一人。如果我是个男人,我宁肯去死也不做奴隶。但是我们部落的风俗,是把妇女当成奴隶一般。'

"'你认为我有一个自由民的灵魂,还是有一个奴隶的灵魂?'我问道。

"'你希望还清你在巴比伦欠的债吗?'

"'是的,我有这个愿望,但是我走投无路。'

"'如果你满足于浑浑噩噩,虚度光阴,而不努力去还债,你就只配有一颗奴隶的卑贱的灵魂。没有人不尊重他自己,但是没有人会尊重不偿还债务的人。'

"'可是,作为叙利亚的一个奴隶,我该做些什么呢?'

"'继续作为一名奴隶待在叙利亚,但你的勇气何在?显得你很懦弱。'

"'我不懦弱,我绝不逆来顺受。'

"'那么你就努力证明自己。'

"'怎样证明?'

"'你们伟大的国王陛下不是竭尽全力,动用他拥有的一切力量与敌人战斗吗?你的债务就是把你赶出巴比伦的敌人。你当初若不是姑息它们，它们就不会变得如此强大，以至于你现在无法应对。作为一个男人，你要与债务战斗，你还要把它征服，才能在市民中赢得尊敬。但是你没有与债务斗争的秉性，结果是让你自己轰然倒下，沦为叙利亚的一个奴隶。'

"对于她毫不友善的责备，我想了许多替自己辩护的言辞证明我内心不是奴隶，但是我没有机会表白。三天以后，希拉的女仆带我去见她。

"'我母亲又生重病了，'她说，'你在我丈夫的骆驼中给两头最好的套上辔，扎上长途行走的皮水袋和鞍具。侍女会从厨房给你拿吃的。'我给骆驼装上了鞍辔。希拉母亲的住处离这里不到一天的路程，侍女却准备了许多吃的。我牵着女主人的骆驼走在前面，侍女则坐在后面的骆驼上。当我们到达她母亲的家时，天已经完全黑了。希拉打发了侍女，对我说：

"'你拥有自由民的灵魂还是奴隶的灵魂？'

"'我梦想当一个自由民。'我回答。

"'现在就是证明的机会。这里的管家喝醉了，工头也已经昏睡不醒。骑上骆驼逃走吧！这个包里有你主人的衣服，你穿上去乔装打扮一下。我会说你在我看望母亲时偷了骆驼逃跑了。'

"'您有王后般的善良的灵魂。'我告诉她,'我非常想带着您一起逃走,寻找快乐。'

"'快乐?'她回应着,'一个有夫之妇跟着别人私奔去遥远的地方生活,在陌生的人群中,能得到快乐?你自己走吧,路途遥远,又缺乏食物与水。愿沙漠之神保佑你。'

"我不再强求她,真诚感谢后,便走进夜幕中。我不认识这个陌生的国度,只大体知道巴比伦的方位,于是勇敢地朝着山地方向越过荒野。我骑着一头骆驼,牵着另一头。我彻夜兼程,次日又奔波一整天,催促自己前进的是那可怕命运的记忆——那些偷窃主人财物并试图逃跑的奴隶所遭受的可怕惩罚。

"那天下午,我到达一个粗糙不平、杳无人烟的地方。尖锐的石头划伤了骆驼的蹄子,它只能一瘸一瘸痛苦地挪步。我既不见人烟也不见兽迹,这才明白人和兽为什么都要避开这块荒凉之地。

"从那一刻起,我踏上了一段鲜有人能够经历并生还后描述的旅程。一天又一天,我孤独且缓慢地走着,食物和水没有了。太阳火辣辣地无情炙烤着。到第九天晚上,我因为太虚弱,从骆驼背上掉下来,再也爬上不去了。我感觉自己快要死了,在这个被遗弃的地方孤独离世。

"我伸开四肢躺在地上睡着了,一直到东方露出鱼肚白才醒过来。

"我坐起来，环顾四周，沐浴着清晨的凉爽。我的骆驼沮丧地趴在不远处。我周围是一片广袤的荒野，遍布着岩石、沙砾和荆棘。没有水的迹象，也没有供人和骆驼吃的东西。

"在这片万籁寂静中我是不是就此死去，变成孤魂野鬼？我的头脑此时比过去任何时候都清醒。身体的疲惫与不适已经变得不再那么重要了。我干裂淌血的嘴唇，我干燥肿胀的舌头，我空空如也的胃，所有一切都丧失了它们在前一天还有的感觉。

"我眺望着荒凉遥远的地方，再一次回到了我的问题：'我拥有一个奴隶的灵魂还是一个自由民的灵魂？'随着思路的理清，我明白了，如果我有一个奴隶的灵魂，我应该就此放弃，躺在沙漠里归于寂灭。这正是一个逃亡奴隶的合理归宿。

"但是如果我有一个自由民的灵魂，那该怎样？我当然必须驱使自己回到巴比伦，偿还那些借给我钱的人，给一直照顾我的妻子带来幸福，给我的父母带去安宁和慰藉。

"'债务是把你赶出巴比伦的敌人。'这是希拉说的。是的，正是那样。为什么我像一个懦夫一样，不敢坚守自己的立场？为什么我允许我的妻子回到她的娘家？如果我没有奴性，为什么我虚弱得像个奴隶？

"这时，一桩奇怪的事情发生了。我曾经通过一块有色玻璃望见的世界不见了，我看到了另一个世界，我看到了生命的真正价值。

"死在沙漠？不！从全新的视野里，我清晰看到了自己必须完成的使命。首先，我要回巴比伦，面对所有我欠债的人。我要告诉他们在历经磨难之后，我回来了，只要上帝允许，我会尽快还清债务。接下来，我要为我的妻子营造一个温馨的家，成为一名让我的父母为之自豪的自由民。

"我的债务就是我的敌人，而我的债主则是我的朋友，因为他们托付给我并且信任我。

"我摇摇晃晃地勉强站起来，双腿虚弱地支撑着，跟跟跄跄地。饥饿？干渴？它们只不过是通往巴比伦之路上的小小插曲罢了。我的身体内升腾起一个自由民走回去战胜敌人回报朋友的豪情。我为自己了不起的决定而兴奋。

"我沙哑的声音透出的新气息，让我的骆驼原本黯淡的双眼焕发出明亮的光芒。通过很大的努力，在多次尝试以后，它们也终于颤巍巍地站立起来。凭借可怜的毅力，它们向北方一步一步地前行。内心的某个声音告诉我：'我们一定会在那里找到巴比伦。'

"我发现了水。我走进一处土壤肥沃的乡村，那里有青草和水果。我终于发现了通往巴比伦的路径，自由民的灵魂将生活视为一系列需要解决的问题，而奴隶的灵魂则在哀鸣：'我只是一个奴隶，能做什么？'"

塔卡德一边听着，一边沉浸在故事中，不知不觉，眼眶里涌出了泪水。忽然，他听到达巴希尔问自己："你怎么样，塔卡德？你空空的胃使你头脑格外清醒了吗？你准备走上通向巴比伦的道路，去勇敢地迎接挑战吗？"塔卡德清醒过来，急忙站起来："您向我展示了一个新的世界，我已经感觉到一个自由民的心潮在我身体中澎湃。"

达巴希尔再次转向他的食物。"卡斯科，你迟钝得像蜗牛，"他向厨房大声叫唤着，"饭菜已经凉了，再给我拿些烤肉。也给我的老朋友塔卡德一份，他饿得肚子都快贴上脊背了，要和我一起吃饭。"

至此，达巴希尔关于巴比伦骆驼商人的故事就结束了。当他从中领悟到一个伟大的真理时，他就找到了自己的灵魂，这个真理早已被历代的智者所熟知并应用。

它引导着世世代代的人走出困境，破茧成蝶，走向成功。对于那些具有智慧理解其神奇力量的人，未来它将继续发挥引导作用，对于所有阅读这些文字的人都是有益的。

只要有决心，路就在脚下。

第八章

巴比伦的幸运儿

有些人厌恶工作，把工作当成敌人。但最好是把它当朋友一样看待，让你自己喜欢它。不要在意它有多辛苦。

在骆驼商队的最前头，是自豪的巴比伦商人萨鲁·纳达。他嗜好穿挺刮的上衣和艳丽的长袍，也喜欢可爱的动物。萨鲁·纳达很轻松地就翻身骑上他精神抖擞的阿拉伯马背。看着他的模样，人们很难猜测他的岁数，当然也不能洞察他内心的困扰。

从大马士革①出发的旅途是漫长的，荒漠上有重重险恶，然而他并不在意。阿拉伯部落的野蛮人，正在远处贪婪地盯着富奢的骆驼商队，可他也毫无畏惧，因为他的驼队拥有一支庞大而迅捷的骑兵保镖队伍作为坚实的后盾。

他从大马士革带来的一个年轻人却让他费心。这个年轻人叫哈丹·古拉，是他过去的合伙人阿拉德·古拉的孙子。对于阿拉德，萨鲁·纳达感觉亏欠很多，难以偿还。他愿意为他的孙子做些什么，但是他越是想到这一点，就越是

---

① 大马士革：今叙利亚首都。在其国境内西南部，巴拉达河畔。世界古老城市，已有近 4 000 年历史，以 7 至 8 世纪阿拉伯帝国时为鼎盛。旧城区多古罗马和阿拉伯帝国时代古迹。

困惑，这个问题因为这个年轻人的存在而变得更加棘手。

打量着年轻人光闪闪的手镯和耳环，萨鲁心想："他认为珠宝是男人的标配吗？他也有他祖父那样强健的体魄，而他祖父却不喜欢穿金戴银，不喜欢这种花哨的长袍。我带他过来，就是希望能帮助他开创自己的事业，远离他父亲倾家荡产的厄运。"

"你为什么成天辛苦奔忙，"哈丹打断了他的思绪，"你总是带着商队长途跋涉，难道从来都不抽时间享受生活吗？"

"享受生活？"萨鲁笑道，"如果是你，你会怎样做？"

"如果我像你那么有钱，我想过王子一样的生活，肯定不愿穿行在酷热的沙漠里。我每天挣了钱就花完，穿上世界上最华美的衣服，戴着稀世珍宝。这才是我一直憧憬的生活，值得过的人生。"哈丹说着，两个人都不禁咧嘴笑起来。

萨鲁忍不住说道："你祖父是从来不戴珠宝的！"接着又问，"你每天有时间工作吗？"

哈丹回答："工作嘛，就让奴隶去做。"

萨鲁咬紧了嘴唇，没有说话。他沉默地骑着马，来到一个小山坡，他指向远方的山谷对哈丹说："看见没，那里有一个山谷，望向远处，你就能隐约看见巴比伦城了。那个塔就是贝尔神庙。如果你眼力好，还能看到屋顶上圣火冒出的袅袅蓝烟。"

哈丹道："那就是巴比伦吗？我一直盼望着能够见到这座世界上最富有的城市。那里是爷爷白手起家的地方。如果他老人家还在世，我的生活就不会像现在这样窘迫了。"

萨鲁说："你为什么老是指望你爷爷呢？你和你父亲也可以像他一样，创造你们自己的事业。"

"唉，我们两个都没有爷爷的天赋，都不知道爷爷赚钱的诀窍。"

萨鲁没有说下去。他掉转马头，满腹心事地在通往山谷的路上骑着，跟在他后面的驼队扬起了一片红色的尘土。接着，他们来到巴比伦王国的大道，开始向南行走，穿过已经灌溉的农田。

三个正在犁地的老农吸引了萨鲁的注意，他们看上去似曾相识。太荒谬了！已经40年了，再次经过同一块地，居然还是与过去几乎一样的人在干同样的农活！萨鲁心中告诉自己：没错，40年前的那几个人就是这个装束，其中一个老农扶着犁把，另外两个老农依旧在费力犁地，他们用木棍赶牛，但是似乎没有作用。

40年前，萨鲁十分羡慕农夫，当时他多么希望和他们调换一下身份。但是现在不同，他自豪地回看了一下后面跟上来的长长的骆驼商队，精挑细选的骆驼，还有毛驴，装载着摞得高高的从大马士革运来的珍稀货物。这仅仅是他财产的一小部分。

他指着农夫说："与40年前的人差不多一模一样，他们还在耕种同一块地。"

"不可思议！您怎么还记得原先的人就是那个样子的呢？"哈丹问道。

萨鲁说："我曾在这里见过他们干活。"他脑海中浮现出往昔的画面。他为什么不能放下过去，活在当下？此时，阿拉德·古拉和善的脸庞又出现在他眼帘。他和身边这个年轻人之间的隔阂瞬间消失了。

但是萨鲁又该怎样帮助这个浑身珠光宝气、只懂吃喝玩乐的纨绔子弟？他可以为任何愿意工作的人提供机会，但对那些自以为高人一等而不屑工作的人，给他工作机会就毫无意义。只是萨鲁觉得自己亏欠阿拉德·古拉太多，必须帮助他的孙子。虽然他和阿拉德·古拉过去都不会那样想，他们不是企图得到别人回报的人。

萨鲁眉头一皱有了主意，但仍有些踌躇。他必须考虑家庭环境以及自己言语所能产生的影响。这个计划是残酷的，或许会给人带来某种伤害，但是萨鲁迅速作出了决定，依然准备实施计划。

他问哈丹："你想不想知道以前你爷爷和我是怎样合伙挣钱的？"

年轻人兴奋起来："快告诉我，你们是怎样赚到那么多钱的，这才是我最需要知道的。"

萨鲁好像没听见，接着说："我们起初和这些农夫一样每天日晒雨淋、累死累活地犁地，那时我和你现在差不多年龄。一天，和我锁在一起犁地的人中，一个名叫麦基多的农夫抱怨道：'把犁的家伙真会偷懒，没有用力将地犁得深些，赶牛的也没能引导牛在田垄中耕作，这样还能指望好收成？'"

哈丹吃惊得眼珠都要瞪出来了："您是说麦基多和您锁在一起干活？"

"是啊，我们的脖子上戴着铜链条拴在一起。麦基多的旁边是偷羊贼萨巴多，我在乡下就认识他。而链子的另一头，我们叫那个人'海盗'，因为他从来不说出自己的名字。我们猜他曾经是个水手，因为他的胸前有蛇图案的文身，这个图案在水手中经常可以看到。我们四个被一条链子拴在一起，只能并排走路。"

"这么说您是个戴着锁链的奴隶？"他难以置信地问。

"你爷爷没有告诉过你，我曾经是个奴隶吗？"

"他倒是经常提到您，但没有说过您是个奴隶。"

萨鲁看着哈丹："他真是个值得信赖、能够保守秘密的人。你也是一个可以相信的人，对吗？"

"您可以相信我，但是我实在太惊讶了。您能不能告诉我您是怎样变成奴隶的？"

萨鲁耸了耸肩膀："任何人都可能使自己沦为奴隶。是我哥哥赌博与酗酒给我带来了灾祸，因为他的冲动，连累我受害。一次，他在赌场的争吵中，失手杀死一个朋友。我父亲急着要打赢官司，使哥哥免受惩罚，就把我抵押给一个寡妇。但是我父亲没有钱把我赎回去，那个寡妇一气之下，就把我卖给了奴隶贩子。"

哈丹愤怒地说："这是什么世道，太不公平了！后来您怎么又获得了自由？"

萨鲁说："我会告诉你，但不是现在，听我讲下去。当我和那几个奴隶经过那群懒惰的农夫身边时，他们嘲笑我们。其中一个农夫摘下他的破帽子，向我们鞠躬说：'欢迎来到巴比伦，国王陛下尊贵的客人。国王陛下正在城墙那边等着你们，宴席已经准备好，泥块加洋葱汤。'说罢，他们都'哈哈'狂笑起来。

"'海盗'听了勃然大怒，大声咒骂他们。我问'海盗'，那些农夫说的'国王陛下正在城墙边等着我们'是什么意思？

"'海盗'回答：'那就是要我们到城墙上运砖，直到累断了腰为止，也可能腰还没断就被监工活活打死。当然还没等他们打死我，我就会先冲上去把他们干掉了。'

"这时麦基多说：'我以为主人是不会把愿意辛勤劳动的奴隶打死的。主人喜欢顺从的奴隶，会善待他们。'

"萨巴多评论道：'谁愿意俯首帖耳、累死累活？那些犁地的人都还是聪明人，他们不会累折自己的脊梁骨，只要有机会就偷懒。'

"麦基多反驳说：'你别想偷懒。如果你犁了一公顷田，主人当然知道你这一天肯定卖力工作了；如果你只犁了半公顷田，那你就偷懒了。我从不偷懒，我喜欢干活而且把活干好，因为工作就是我认识的最好的朋友。它给我带来了我所拥有的一切，包括我的农场、牲畜还有粮食。'

"萨巴多嘲笑道：'算了吧，你的那些东西现在在哪里？还不如做一个聪明人，有钱拿而不必卖力工作。你看我萨巴多，如果我被卖到城墙那里，我肯定是干挑水或其他一些轻松的活。而你这个劳碌命，就会去背砖，把你的脊梁骨压断。'

"那天夜里恐惧缠绕着我，我辗转难以入睡。当其他人呼呼睡着时，我悄悄靠近第一班岗的看守戈多索，吸引了他的注意。他之前是阿拉伯的一名强盗，阿拉伯强盗历来凶恶，他想偷你的钱包，一定先割断你的喉咙。

"我小声问道：'戈多索，我们到达巴比伦后，会被卖到城墙边吗？'

"他十分警惕地反问：'你问这个干什么？'

"'难道你不懂？'我恳求道，'我还年轻，我想活下去，我不想在城墙边被奴役或者被打死。我有没有机会遇到好的主人？'

"他小声回答：'你还算是个不错的人，没找我什么麻烦。我对你说实话吧，在大多数情况下，我们会先去奴隶市场。你听清楚：当买主过来时，你要告诉他们你是个顺从的奴隶，喜欢为好主人卖力工作，以便让他们愿意把你买下。如果你不能让他们把你买走，第二天你就会被带到城墙边去运砖。那是十分艰辛的活儿。'

"戈多索走后，我仰卧在热烘烘的沙地上，看着天上的星星，想着辛勤工作的事情。麦基多说工作是他最好的朋友，让我想到工作是不是我最好的朋友。如果它能把我解救出来，或许就是。

"麦基多醒来，我轻声把这个事情告诉他。这是我们在巴比伦的一丝希望。下午，我们逐渐走近巴比伦城，隐约看到城墙边一排排的人，就像一群黑蚂蚁在坡路上蠕动。我们一点一点靠近时，惊讶地发现那是成千上万的奴隶在劳作，一些人在挖城壕，另一些人把沙土搅入砖泥中，更多的人则背着大筐沿着陡峭道路一步一步地挪动，把砖块运给泥瓦匠。

"工头们咒骂着那些行动迟缓的奴隶，挥舞皮鞭'啪啪'抽打着他们的脊背。那些精疲力尽的奴隶步履蹒跚、不堪重负地倒下了，没能爬起来。如果鞭子也没有能使他们站起来，他们会被拉到路边，在那里痛苦地痉挛号叫。很快他们就会悲惨地死去，与路边其他站不起来的奴隶一起被拉走埋掉。我看到这惨不忍睹的景象，不觉浑身颤抖。如果我父亲无法把我从奴隶市场赎回，这也就是等待我的命运。

"戈多索说的没错，我们被带着穿过城门，进了奴隶监狱。第二天一早，我们就被带到市场上的围栏里。奴隶们害怕地蜷缩成一团，只有看守鞭子的抽打可以让他们前行，让买主仔细打量他们。麦基多和我渴望与每一个允许我们与他说话的买家交谈。

"奴隶贩子领来国王卫队的一个士兵，他挑中了'海盗'，把他铐上。'海盗'稍一挣扎，士兵就恶狠狠地拳打脚踢。'海盗'被带走时，我真为他难过。

"麦基多意识到我们很快就要分开了。当买主逐渐朝我们这里走近时，麦基多诚恳地对我说工作对我们的未来多么重要：'有些人厌恶工作，把工作当成敌人。但最好是把它当朋友一样看待，让你自己喜欢它。不要在意它有多辛苦。想象一下你要建造一所房子，你总该在意屋梁是不是很沉重，给泥砖供水的井是不是离得太远。答应我，小伙子，如果你找到一个主人，一定要尽力为主人干活。如果他不欣赏你做的，也不要烦恼。记住，工作做好了，对做工作的人有好处，它会把你变成更好的人。'这时一个壮实的农场主走到围栏前，用挑剔的眼光扫视着我们，他就没说下去了。

"麦基多询问农场主有关农场和作物的情况，很快让农场主相信他是一个有价值的人。在和奴隶贩子讨价还价之后，农场主从衣兜里掏出一个鼓鼓的钱包付给奴隶贩子，麦基多就跟随他的新主人走了，很快就消失在我的视野里。

"上午又有一些奴隶被卖掉。中午时分，戈多索对我说奴隶贩子已经失去耐心，不会再等到明天，日落前就会把没有卖掉的奴隶都交给国王派来的买主。就在我感到绝望时，一个身材圆润、面容和蔼的人来到城墙下问我们中间有没有面包师。

"我挤上前去对他说：'像您这样好的面包师，为什么要找一个手艺不如您的面包师呢？找一个像我这样跟您学手艺的徒弟不是更好吗？瞧我，年轻力壮的，还愿意干活。给我一个机会，我乐于为您效劳。'

"他动心了，开始和奴隶贩子谈价。那个自从把我买来就没有正眼瞅过我一眼的奴隶贩子对我的能力、健康与好性情大加夸奖，我感觉自己就像是一头要卖给屠夫的颤抖着的肥牛。令我欣喜的是，交易终于谈成，我终于跟着我的新主人走了，心里庆幸着自己的好运。

"我很快适应了新主人的家，我的主人叫奈耐德，他教我怎样在庭院的石磨上碾碎大麦，怎样在炉子上生火，怎样磨出精细的芝麻粉来做蜂蜜蛋糕。他粮仓里放了一张我的床，老奴隶管家史瓦斯蒂让我吃得不错，也很感谢我帮她干些重活。

"我终于有机会向主人证明我的价值了，我希望有机会重新获得自由。

"我又请奈耐德教我怎样揉面、怎样烘烤面包。因为我真诚地请教，他非常乐意教我，后来我就能做得很熟练。我又让他教我怎样做蜂蜜蛋糕，很快我也会做各种蛋糕了。我得到主人的欢心，因为我能做面包，他就可以清闲了。但是史瓦斯蒂却摇了摇头，担心地说：'没事干对任何人都不是好事。'

"我想我该去找一个挣钱的途径，以便重获自由。中午我做好面包后，下午可以再去找一份挣钱的活干，挣来的钱我与主人平分，对此主人应该会同意。我忽然想到，为什么不多烘焙些面包，把它们推销给街上那些饥肠辘辘的人呢？

"我向主人讲述了我的想法：'如果我在中午做好面包后，利用下午时间再去挣些钱，挣到的钱与您平分。这样我也会有些钱去买点我想要的东西。您看行吗？'

"'好极了。'主人竖起了大拇指。当我告诉他我想推销蜂蜜蛋糕时，他非常赞同，说：'就这样。你两个蛋糕卖一块钱，我扣除半块钱的面粉、蜂蜜与木柴的成本，剩下的半块钱，我们两人平分。'

"我对主人的慷慨大度十分满意，这使我能够分到售价的1/4。那天夜里我干到很晚，做了一个放蛋糕用的托盘，主人给了我一件他已穿破但我觉得还不错的衣服。史瓦斯蒂帮我把衣服的破洞补好、洗干净。

"第二天，我多烤了一些蜂蜜蛋糕。这些蛋糕呈褐色，在托盘上看起来十分诱人。我走到街上大声叫卖。起初，好像没什么人感兴趣，我有些沮丧。但我坚持吆喝，到傍晚时，人们肚子饿了，开始有人买蛋糕，很快，我的蛋糕就一售而空。

"主人见我生意不错，笑得合不拢嘴，把我应得的钱分给了我。我也很得意有了属于自己的钱。正如麦基多说的，主人喜欢辛勤劳作的奴隶。那天晚上，我为自己的成功而兴奋，难以入睡。我盘算着自己一年能赚多少钱，重获自由需要多少年。

"我每天都端着盘子走街串巷地叫卖，渐渐有了固定的买客。其中一个就是你祖父，阿拉德·古拉。他是一个地毯商人，把地毯卖给家庭主妇。他每天在城里来回穿梭，后面跟着一头驮着高高的地毯的毛驴和一个黑奴。他总是买 4 块蛋糕，自己与黑奴各吃两块。他吃蛋糕时就与我聊天。

"有一次你祖父对我说了一番话，这话使我难以忘怀。他说：'我喜欢你的蛋糕，孩子，我更喜欢你的上进心，这迟早会让你走向成功。'

"哈丹，你能明白这些话对我这样一个卑微的奴隶是多大的鼓励吗？在这座城市中，我孑然一身奋斗着，尽我所能寻找一条能挣脱耻辱生活的道路。

"接下来的几个月，我不断赚到钱，腰带上的钱包慢慢鼓起来了。正如麦基多所说，工作是我最好的朋友，我的精神更加充实，但是史瓦斯蒂却一直忧心忡忡，说：'我真担心主人把太多时间浪费在赌博上。'

"有一次我在街上邂逅了麦基多，他正牵着三头运载蔬菜的毛驴赶往集市。'我现在的活干得不错，'他说，'我的主人十分赞赏我干的活，让我做了工头。瞧，主人把重任托付给我，让我把蔬菜运到集市上去卖，他还让我的家人过来看望。工作让我走出困境，将来有一天会帮我重获自由，还能让我重新拥有属于我自己的农场。'

"日子一天天过去，主人每天期盼着我销售结束马上回到店里，他就迫不及待地清点钱，把我的那份给我。他还催我去寻找更大的市场增加销路。

"于是我走到城外，向那些监督奴隶建造城墙的监工推销蛋糕。我痛恨那个令人生厌的地方，但是那些监工都是毫不吝啬的买主。一次，我忽然惊讶地看到萨巴多在排队，等着把砖头装满箩筐。他憔悴不堪，佝偻着身躯，背脊上留着一道一道皮鞭的印痕。我十分难受，给了他一块蛋糕，他狼吞虎咽，三两口就把蛋糕咽下了。看到他眼中贪婪的神色，我赶紧离开以免他抢走我的托盘。

"一天，阿拉德问我：'你这么卖力地干活，到底是为了什么？'他的问题和你今天问我的完全一样。我把麦基多说的话以及工作如何成为我好朋友的话告诉了他。我很自豪地给他看了看我那不再空瘪的钱包，并告诉他我打算存下更多的钱来赎回我的自由。

"'当你自由后，你要做什么？'

"我回答说，'到那时，我要做一名商人。'

"这时，他轻声告诉我一个让我十分惊讶的事情：'你知道吗？我也是一个奴隶，我现在和我的主人合伙做生意。'"

"住口！"哈丹突然打断说，"我不想听你污蔑我爷爷，他不是奴隶。"他的眼睛里仿佛在冒火。

萨鲁十分冷静："我十分敬重你爷爷，他从不幸中站起来，成为大马士革出色的市民。而你，作为他的孙子，难道不应该像你的爷爷那样，拿出足够的勇气来面对事实，而不是选择逃避事实，生活在假象之中吗？"

哈丹在骆驼背上挺直了腰，克制着心中的怒火："我爷爷受众人爱戴，他做过的善事数不胜数。灾荒来临时，他用黄金从埃及买来粮食运到大马士革，分发给那里的灾民，才没有人被饿死，对吗？你现在居然说他是个在巴比伦受人唾弃的奴隶！"

萨鲁说："如果他之前是巴比伦的奴隶，可能受人歧视，但经过自己的奋斗，他成了大马士革一个出类拔萃的市民。神明把他从不幸中解救出来，使他成为万众敬仰的人。"

接着又说道："在告诉我他是一个奴隶后，他向我解释了他是多么渴望获得自由。尽管他已经攒了足够的钱来赎回自由，但是他还没有决定今后去做什么，他感到迷茫，担心自己没有很好的业绩，同时也害怕主人不再支持他。

"我不赞同他的彷徨，对他说：'你不要过分依赖你的主人，而应该确定自己最渴望做的事情，重新找回做一个自由民的感觉，像自由民一样生活，像自由民一样实现自己的目标，努力奋斗来实现自己的远大志向！'他对我鼓励的话信以为然，并很高兴我看破了他的懦弱，然后就离开了。

"一天，我又到城外推销蛋糕，看到一大群人聚集在那里。我向一个人打听发生了什么事，他告诉我说：'你还不知道？一个奴隶杀死国王的卫兵逃跑了。这个奴隶被抓获，带回来审判，今天要执行死刑，国王陛下也会莅临。'

"鞭笞台周围聚集了很多人，我不敢走近，生怕我的一盘子蛋糕会被挤掉。于是，我爬上还没有建好的城墙，从高处望去，我幸运地看到巴比伦国王尼布甲尼撒①本人坐着金色战车而来，我从未见过如此壮丽的景象，如此华美的衣服和金色天鹅绒的帷幔，它们交织在一起，熠熠生辉。

"我看不见鞭笞台，但我可以听见这个可怜奴隶一阵阵的惨叫。我想知道如此高贵、如此英明的国王陛下怎么能容忍这样的酷刑存在？我看到他和贵族们有说有笑，我明白了国王陛下的残酷无情，并且懂得了为什么让奴隶来

---

① 尼布甲尼撒：指尼布甲尼撒二世，公元前 635 年—公元前 562 年，新巴比伦第二任国王，公元前 605 年继位。曾围困耶路撒冷，征服犹太王国，将部分贵族及居民掳至巴比伦。他在位期间国内大兴土木，修建很多宏伟建筑，成就了新巴比伦繁盛时期。圣经《旧约全书·但以理书》第 1 章、第 4 章均出现尼布甲尼撒的名字。

完成这项没有人性的工程。

"这个奴隶死后，尸体用绳索吊在一根柱子上示众。人群散去，我缓缓靠近，在那毛茸茸的胸膛上我看到了文身——两条缠绕在一起的蛇。这个人是'海盗'。

"当我再次遇到阿拉德·古拉的时候，他已经和以往不同了。他非常热情地和我打招呼：'瞧，你认识的奴隶现在已经成为自由民了。'受他鼓舞，我的销售和利润直往上蹿。我的妻子欣喜异常，他是我主人的侄女，一个自由民。她热切希望我们能搬到一个陌生城市，在那里没有人知道我曾经是个奴隶。我们的孩子不会重蹈他们父亲的覆辙，受人白眼。工作成了我最好的帮手，它使我脱胎换骨，重拾信心，获得谋生的技能。

"我愿意用这种微不足道的方式来回报他曾经给我的鼓励。

"一天晚上，史瓦斯蒂伤心地告诉我：'我们的主人摊上事了，我真为他担心。几个月前，他在赌场输了很多。他没有付给农夫买粮食、蜂蜜的钱，也没有偿还欠债。农夫和借贷商很生气，还威胁他。'

"'我们为什么要替他担忧呢？我们又不是他的监管人。'我不假思索地回答。

"'无知的年轻人，你不明白。他可以把你抵押给借贷

商。依照法律，主人可以把你卖掉。我不知道怎么办才好。他是一个不错的主人，为什么他会遇到这样的命运？'

"史瓦斯蒂的担心并非毫无道理。早上我在烤面包时，借贷商带来了一个名叫撒希的人。这个人仔细看了我，抛下一句话：'可以。'

"借贷商不等主人回来，只告诉史瓦斯蒂他把我带走了。面包还没有烤好，我就匆匆离开。只披着一件衣服，带着别在腰间的钱袋。

"我被强制着从我最亲爱的梦想身边带走，如同飓风把一棵树从森林中连根拔起，然后把它抛向一望无际的大海。赌场和酒精再一次给我带来了灾难。

"撒希是一个愚笨而且蛮横的人。当他带我穿过这座城市时，我向他讲述了我曾经为主人辛勤工作，我也希望我能为他好好做事。他的回答却如一盆冷水浇在我头上，他说：'我不喜欢这项工作，我的主人也不喜欢。国王陛下让主人负责修建一段运河，主人就吩咐我多买些奴隶，尽快完工。呸！那样短时间怎么可能完成这样一项巨大工程。'

"你可以想象，一片沙漠，没有一棵树，只有低矮的灌木，太阳如烈火般炙烤，把我们桶里的水都晒到滚烫，根本喝不下去。再想象一队人，走进深沟，从早到晚大汗淋漓地挖着泥土，然后拼命担起沉重的箩筐把泥土运到岸上。再想象一下，食物放在敞开的饲料槽里，我们就像猪吃饲料那样吃饭。我们没有帐篷，没有麦秸做床。这就是现在我的处境。我把我的钱袋埋起来并做了标记，这样我以后就可以找到它了。

"起初我非常乐于工作，熬了几个月后，我感觉我的精神要崩溃了。我浑身乏力，高烧不退，一点儿胃口也没有，吃不下饭。晚上还失眠，翻来覆去睡不着。

"在我经历这段悲惨的遭遇时，我想起萨巴多说过的，工作时要偷懒以免累断脊背。但我又想起来最后见到他那次的情景后，我明白了他的建议不是好办法。

"我又想起'海盗'的悲惨遭遇，想像他一样宁折不屈，奋起反抗。他浑身淌血的情景让我觉得他的计划也不可行。

"之后我想起最后一次见到麦基多的场景。因为辛勤劳作，他的双手长了一层厚厚的老茧，但是他的心情是愉悦的，他的脸上荡漾着幸福。他的计划才是可行的。

"我也愿意像麦基多一样辛勤劳作，而且我付出的努力也不比他少。为什么劳作不能给我带来快乐和成功呢？难道劳作给麦基多带来的快乐只不过出于神的恩赐？难道我一辈子都得这样辛苦，却无法实现愿望，获得快乐与成功吗？所有问题都浮现在我的脑海中，没有答案。我陷入了苦闷与迷茫。几天后，我的忍耐似乎到了极限，我依旧找不到答案。在这时，撒希派人来叫我，说我主人那里来了一个信差，说要带我回巴比伦。我把珍贵的钱包挖出来，衣衫褴褛地上路了。

"在路上，我发烧的脑袋仍想着我的遭遇如同飓风般把我卷来卷去。我的境况就如同我家乡一首歌谣里唱的：

> 暴风雨袭击着可怜的人，
>
> 把他抛向波涛汹涌的大海。
>
> 有谁能找到他的踪迹，
>
> 有谁能预知他的未来？

"难道我注定遭受这样的惩罚，而不知为什么？还有哪些痛苦和失望在前头等待着我呢？

"当我们来到主人家的庭院，我多么惊讶地发现阿拉德·古拉正在等着我。他帮我放下行李，然后像失散多年的兄长一样拥抱我。

"我们走路时，我本想奴隶应该跟在主人身后，但他不让我这样。他搂着我的肩膀说：'我到处找你。我几乎要丧失信心时，却遇到了史瓦斯蒂。她向我说了借贷商的事，我通过借贷商找到了你的新主人。经过一番艰难的讨价还

价，我花了一笔不小数目的钱把你赎了出来，但是这十分值得。你的人生感悟以及你的进取心激励着我，成就了我。'

"'那是麦基多的人生感悟，不是我的。'我打断了他。

"他说：'那就是你和麦基多共同的人生感悟，感谢你们两位。我全家要去大马士革，我需要你做我的合作伙伴。看，你马上就要成为自由民了！'说着，他从衣服下面取出刻有我名字的泥板，举过头顶，'啪'地猛然摔到铺满鹅卵石的地上，泥板被摔裂，然后他又重重踩上一脚，让它成为一堆碎片。

"我顿时激动得难以自制，眼中充盈着泪水。我觉得，我就是巴比伦最幸福的人。

"你看，在我最痛苦的时候，工作被证实是我最好的朋友。我乐于工作的态度使我逃脱了被卖去修筑城墙的悲惨命运，也给你祖父留下深刻印象，然后还选择我做他的生意伙伴。"

哈丹问："难道工作也是我爷爷赚取黄金的窍门吗？"

"当我第一次认识他时，我就相信这是他唯一的窍门。"萨鲁回答，"你爷爷一直喜欢辛勤劳动，神明也欣赏他的付出，慷慨同馈了他。"

哈丹沉思道："我有些明白了，工作吸引了他的很多朋友，这些朋友钦佩他的勤劳及其带来的成功，工作让他在大马士革享受到无上的光荣，工作使他获得所有的东西，但是我过去认为只有奴隶才适合工作。"

萨鲁感叹道："生活中可以享受许多乐趣，每一种乐趣都有其必要性，我很高兴工作不只是为奴隶准备的，否则我也就没有最大的快乐了。我喜欢做很多事情，但是没有一件可以取代工作在我心中的地位。"

这时，萨鲁和哈丹两人已经来到巴比伦城墙的阴影下，走向巨大的铜门。快到铜门时，卫兵挺直腰，恭敬地向象征巴比伦荣耀的市民敬礼。萨鲁抬起头，自豪地领着他长长的骆驼商队穿过城门，走上城内的大街。

哈丹悄悄对萨鲁说："我一直希望成为我爷爷那样的人。之前我不知道他是什么样的人，今天您告诉我了，我了解了我的爷爷，这使我更加钦佩他，使我更加坚定要成为像他那样的人。您告诉了我致富之路，这种恩惠我恐怕无论如何都无法回报。从此以后，我要沿着致富之路，从卑微的事情开始做起，如同我爷爷一样。这比戴珠宝、穿华丽衣服更适合我。"

哈丹说着，把耳朵上俗气的珠宝和手指上的戒指摘了下来，然后勒一下马的缰绳，后退一步，满怀崇敬，走在骆驼商队主人的后面，毫不动摇地迈步向前。

第九章

巴比伦坚不可摧的城墙

人类对于保护的需求和渴望，是人类与生俱来的天性。

老班扎，一名冷峻的士兵，站在通往巴比伦城墙顶的道路边空地上。

勇敢的士兵正在城墙上战斗。这座伟大城市及其数十万市民未来的生存取决于他们。

从空中传来的是敌方的呼喊与狂叫，混杂着数千匹战马的马蹄声，对着铜制城门发出震耳欲聋的撞击声。

在城门背面的街上，手持长矛的士兵懒洋洋地倚靠着，他们仅有的任务是万一城门被撞开，就去堵住缺口。巴比伦军队主力正由他们的国王率领，征讨遥远东方的埃兰。守城的力量弱小，没有人预计到守军主力不在期间，会突然从北方涌来一支令人生畏的亚述①大军。他们必须守住城墙，否则巴比伦就要沦陷。

---

① 亚述：古代西亚国家。公元前 3000 年末期，塞姆人的一支在底格里斯河河中游建城，后形成国家。公元前 8 世纪后成为庞大的军事帝国，首都尼尼微，曾屡次向南扩张，一度占领埃及。7 世纪后渐衰。

老班扎周围挤满了大量的市民。他们一张张苍白的面孔惊恐不已，他们急切地打探战斗的消息。渐渐地，他们的情绪平静下来，屏息凝神地注视着从通道里抬出的伤兵和阵亡的士兵。

这里是进攻的关键。经过三天的围城，敌人突然集中了庞大的力量，对这个城门发动了猛烈的进攻。

敌人密集如刺猬的箭镞同时射向城头。城墙顶的守卫者击退着通过云梯爬上来的敌人。对着快爬到城墙顶的敌人，守卫者燃起滚烫的油浇下去，并用长矛刺杀。

老班扎占据有利位置，便于打听消息。他紧靠战场，总是第一个听到每一次打退狂暴敌人进攻的消息。

一个年老的商人紧挨着他。他的手在颤抖。"告诉我，告诉我！"他乞求着，"敌人不会进来！我的儿子跟在国王陛下身边打仗。没有一个人保护我年老的妻子。我的货物，会被他们全部抢走。那些吃的，他们不会留下一丁点儿。我们老了，老到不能保护自己了，连做一个仆人都不够格。我们会饿死。告诉我，他们不会进来！"

"冷静一下，我的先生。"老班扎回应着，"巴比伦的城墙厚实坚固。回家去告诉你的妻子，城墙会保护你们和你们所有的财产，就像保护国王陛下的财库一样。快躲到城墙后面，小心箭镞飞越城墙击中你！"

当老人离开后，一个抱着孩子的妇女挤过来接替了他的位置。"长官，城墙顶上有什么消息？告诉我真相，我好让我可怜的丈夫安心。他因为可怕的伤口发烧躺着，仍然用他的盔甲和长矛保护我和孩子。他担心地说，如果敌人打进来，我们会遭到可怕的报复。"

"你真是一位善良的母亲。我再说一遍，巴比伦城墙会保护你和你的孩子。它又高又坚固。听，那不是我军士兵的喊声，而是攀登城墙的敌人被滚烫的油浇到头上发出的惨叫。"

"是的，可我还听到了连续撞击我们城门的声音和吼叫。"

"回到你丈夫那里，告诉他城门坚不可摧。而且，敌人即使爬上了城墙，迎接他们的只有尖锐的长矛。小心你脚下，紧贴着城墙走。"

班扎退到一旁，清除着道路，为了让带着哐当作响的铜盔甲的重装备援军通过。

一个小女孩拉扯了一下班扎的腰带。

"请告诉我，我们有危险吗？"她乞求着，"我听到了可怕的声音。我看到所有的战士都在淌血，我害怕极了。我的妈妈、弟弟以及家里的小宝宝怎么办？"

这位面容严峻的老战士眨了眨眼睛，下巴微微前伸，目光凝视着这个孩子。

"不要害怕，孩子。"他安慰着她，"巴比伦的城墙保护着你、你妈妈、弟弟和小宝宝。它绝对安全，就像100多年前塞米拉米斯①女王建造它时一样。城墙从来没有崩塌过。回去告诉你妈妈、弟弟还有小宝宝，巴比伦城墙会保护他们，他们不用担心。"

一天又一天，老班扎站在他的岗位上，目光紧紧锁定通道上的援军。他们决心坚守阵地，直到伤亡惨重才再次撤退。他的周围不停地聚集着惊恐的市民，他们急切地打听城墙能否抵挡敌人的进攻。对所有的人，他都以一个老兵的口吻回答："巴比伦城墙能够保护你们。"

经过三周零五天，狂暴的进攻几乎没有停止过。老班扎咬紧了牙关，他身后满是被血浸透衣服的伤兵，前仆后继的战士川流不息，鲜血一滴滴地渗进了泥土。每天，被杀死的进攻者在城墙外堆积成山。每天夜里被他们的伙伴运走掩埋。

到第四个星期的第五天半夜，战争的喧嚣还没有结束。接着，照亮平原的第一缕阳光穿透了由撤退大军扬起

---

① 塞米拉米斯：相传为公元前9世纪亚述国王尼诺斯的王后，后继任国王。在位期间发起建造巴比伦的多处宏伟建筑。

的巨大尘土云。

守军发出了震天的呼喊声。不言而喻，在城墙后等待的部队也重复着呐喊。街道上的市民也发出与之呼应的呐喊声，这股欢呼如风暴一般席卷了整个城市。

人们从屋子里冲出来，街上挤满了躁动不安的民众。几个星期来压抑的恐惧得到了一个快乐而狂野的宣泄。钟楼最高端燃烧的圣火吞吐着胜利的火焰，朝着天空升腾起一股蓝色的烟柱，向远方传播胜利的消息。

残暴的敌人企图掠夺巴比伦财富，奴役市民，但是巴比伦城墙再一次经受住了考验。

巴比伦历经数个世纪而屹立不倒，是因为它得到了充分的保护，它无法承受自己面目全非的样子。

巴比伦城墙是人类对于保护的需求和渴望的杰出例证，这种渴望是人类与生俱来的天性。如今，巴比伦的城墙坚固如初，但是我们已经制订了更广泛、更完善的计划来实现保护城市的目的。

今天，坚不可摧的城墙是保险、储蓄和可靠投资的坚实保障。正如我们可以进入城门抵御侵略，我们也可以用财富保卫自己，抵御意外的悲剧。

没有充分的保护，我们将承受不起。

第十章

巴比伦泥板的叙述

这个计划具有无法言说的价值，它不是已经让一个过去的奴隶变成了一个值得尊敬的人吗？

圣斯威辛学院

诺丁汉大学

特伦河畔纽瓦克

诺丁汉

1934 年 10 月 21 日

致富兰克林·考德威尔教授

由英国科学考察队转递

希拉城，美索不达米亚

亲爱的教授：

　　您最近从巴比伦废墟中挖出的 5 块泥板，已经与您的信一同乘船抵达。我完全被这些泥板迷住，兴奋地花费了许多时间翻译刻在上面的文字。我本来应该马上回复您的来信，但是延误了，直到完成附在信后的文本翻译。

　　泥板寄达时没有任何损伤，感谢您精心的保存和妥善的包装。

对于泥板叙述的故事，您看到后一定会与在实验室的我们一样惊讶不已。那是在模糊和遥远的过去叙述浪漫和冒险的故事，类似于《一千零一夜》中的阿拉伯故事。泥板叙述的是一个叫作达巴希尔的人偿付他的债务问题，我们就会理解在长达 5 000 年的岁月里，这个古老世界的环境其实并没有变化。

您知道，就像我学生们说的，它的奇妙就在于这些古老的铭文更像是在对我的嘲弄。作为一名学院的教授，我被认为是一名有思想的、掌握广泛课题知识的人。然而，现在巴比伦这个覆盖着尘土的古老而龟裂的地方，为我提供了我从来没有听说过的偿付债务同时积聚财富填满钱包的一种途径。

我觉得这是一种令人兴奋的想法。我有兴趣去验证它是否如在古巴比伦那般在现代依然有效。我和我的妻子正准备为极大改善我们的工作条件而尝试一下这个计划。

我盼望您在极具价值的工作中好运连连，并且热切地期待再次为你提供帮助的机会。

您忠诚的

考古系　阿尔弗雷德·什鲁斯伯里

敬上

第一块泥板

现在，月亮正圆。我，达巴希尔，刚从叙利亚的奴隶身份解脱出来的人，下定决心要还清我所欠下的债务，并在我的故乡巴比伦城中成为富有且受尊敬的人。我刚刚返回，在这里刻下泥板，作为在实现我崇高愿望时指导和帮助我的事业的永恒记录。

在我的好朋友、放债人马松的建议下，我决心实行一个严格的计划，如他声称的这将引领任何尊贵的人走出债务陷阱，走向财富和自尊。

这个计划包括三个目标。

第一，保障我将来的生活。

就是将全部收入的十分之一存下来，由我自己保管。正如马松睿智地所说：

"一个人如果把用不掉的钱保存在钱包里，不仅能为他的家庭带来福祉，而且对他的国王陛下也会保持忠诚。

"一个人的钱包里只有少量的钱币，说明对他的家庭和他的国王陛下漠不关心。

"一个人的钱包里空空如也，则是对他的家庭不负责、对他的国王陛下不忠诚，他的内心也是痛苦的。

"因此，有志于成就事业的人，必须拥有在钱包里叮当作响的金币，同时衷心爱戴着他的家庭、忠于他的国王陛下。"

第二，供养我的妻子并为她提供衣食。

我的妻子秉承着忠诚从她父亲的家里返回我的住处。正如马松所说，好好照顾妻子，能使男人将自尊融进自己的心，并且为他的目标增强力量，坚定决心。

因此，我赚得的全部收入要有十分之七供应家庭，能提供吃穿以及少量额外花费，我们的生活就不再缺少快乐和享受。这就是计划的成功。

我必须严格遵循这个预算比例，决不多花费一个子儿，也不买超出预算范围内的任何东西。

第二块泥板

第三，这个计划规定我的债务必须用我所挣的钱偿还。

每逢月圆，我所挣得的收入的十分之二就会郑重且公平地分给那些信任我并借给我钱的债主们。这样，我会及时偿付所有的负债。

我在这里刻上我所有债主的名字以及我的债务的真实总额。

法鲁，织衣匠，2 枚银币，6 枚铜币；

辛贾，沙发匠，1 枚银币；

阿赫，我的朋友，3 枚银币，1 枚铜币；

赞卡，我的朋友，4 枚银币，7 枚铜币；

奥斯卡，我的朋友，1 枚银币，3 枚铜币；

哈利森，珠宝匠，6 枚银币，2 枚铜币；

迪波，我父亲的朋友，4 枚银币，1 枚铜币；

阿尔卡，房东，14 枚银币；

马松，放债人，9 枚银币；

比克，农夫，1 枚银币，7 枚铜币。

（以下磨损，不能辨识）

第三块泥板

对于这些债主，我欠下的总额为 119 枚银币和 141 枚铜币。我欠下这些数额，却不知道怎样归还。由于我的愚昧，我让妻子回到她父亲家，我自己离开出生的城市去寻找容易挣钱的地方，结果只看到了荒野，自己沦为奴隶。

现在马松告诉我怎样才能从我所挣的钱中偿还一部分债务，我明白了自己因奢靡挥霍欠下债务而逃离的极度愚蠢。

于是，我一一拜访我的债主，向他们说明我除了自己的挣钱能力，没有可以用于偿还债务的资源，以及我准备公平地、诚实地用我挣得总额的十分之二用于还债。我可以付这么多，但不能更多了。如果他们有耐心，我会及时履行我的全部义务。

阿赫，我觉得他是我最好的朋友，但他严厉责备了我，我在极度羞辱中离开了他。比克，一个农夫，由于他急需帮助，请求我先偿还他。阿尔卡，一个房东，实在不同意我的方案并且坚持找我的麻烦，除非我马上还清欠他的钱。

其他所有人都乐于接受我的建议。因此我比以前更自信，认为归还一个人的借款比躲着他们更轻松。即使我不能很快满足一些债主的要求，我仍将公正地处理所有债务。

第四块泥板

又到了月圆的日子，我以自由民的心态努力劳作着。我的妻子支持我偿付债主的计划。由于我们明智的决定，在过去的一个月中，我从尼伯图买进几头体壮腿健的骆驼，挣了19枚银币。

挣来的这笔钱，我根据计划是分割开来的。十分之一作为我自己的钱留下，十分之七作为我们的日常开销给妻子，十分之二是我在债主中分配的，即使只是铜币。

我未见到阿赫，只是把钱交给了他妻子。比克是这般兴奋，要吻我的手。独居的老阿尔卡依然牢骚满腹，警告我必须马上还钱。我回复说如果我能够吃饱饭，不用担忧，我就会更快地还钱。所有其他人都感谢了我并祈愿我的努力有所成就。

　　于是，到这个月的月末，我的债务几乎减少了 4 枚银币，我还剩有 2 枚银币。没有人上门来索债了，我的心情比过去都要轻松。

　　又到了月圆的时候。我努力劳作着，但是收入不佳，只能买极少数量的骆驼。我只赚了 11 枚银币，这勉强够我和我美丽的妻子维持基本的生活开支，包括简单的饮食，却无力为我们添置新衣。我又存下了一个月收入的十分之一，用十分之七养家糊口。当我将一笔小钱归还给阿赫时，他竟对我表达了极高的赞许，这让我深感意外和惊喜。比克也一样。阿尔卡依旧显得怒气冲冲，但是当我告知如果他嫌钱少，可以不要，把这钱还给我，他就让步了。其他人则一如此前，十分满意。

　　月亮再次圆满照耀大地，它的光芒如希望的灯塔，极大地振奋了我的心灵。我遇到一大群骆驼，买了其中几头健壮的骆驼，挣了 42 枚银币。本月我和我妻子都买了许多需要添置的鞋子和衣服，我们也享用了丰盛的肉类和家禽类晚餐。

　　我们向债主支付了超过 8 枚的银币，即使阿尔卡也不再抱怨。

　　这个计划真了不起，因为它引导我们走出债务，给予我们贮存的财富。

自从我上一次在这块泥板雕刻以来,月亮已经圆了三次。每一次,我都为自己存下所挣收入的十分之一。每一次我和我的妻子都靠收入的十分之七生活,即使生活十分拮据。每一次我都用收入的十分之二偿还债主。现在,我的钱包里还有 21 枚银币。它让我昂首挺胸,使我自豪地与朋友们并肩而行。

我的妻子不仅将我们的家打理得井井有条,而且总是穿着得体,我们无忧无虑地生活在一起。

这个计划具有无法言说的价值,它不是已经让一个过去的奴隶变成了一个值得尊敬的人吗?

第五块泥板

月亮再次圆满无缺,洒下温柔的光辉。我想起自己刻泥板已经旷日持久,超过了 12 个月。不过,今天我决不会忘记记录,因为到这一天我就还清了我的最后一笔债务。这一天,我和我的妻子以一顿隆重的晚宴庆祝自己的目标实现了。

在我最后一次拜访我的债主时,发生了许多值得我长期回忆的事情。阿赫恳求我忘记他的不友善言辞,并且自称是我的一个患难之交。

老阿尔卡其实不算十分恶劣,他说:"你曾经是一块柔软的黏土，任何一只触碰到它的手都可以将其揉捏成型，但是你现在成了一块能抵挡利刃的青铜。以后，你需要钱的话，可以在任何时候来找我。"

他不是唯一对我高度评价的人，其他许多人都对我谦恭有加。我的妻子用充满光芒的眼神注视着我，这让我对自己充满信心。

这个计划使我取得成功，它让我偿还了所有的债务，并且让金币和银币塞满我的钱包。我向所有希望上进的人推荐这个计划。确实，如果它让一个昔日的奴隶还清债务，并且在钱包里存下钱币，难道它就不会帮助任何寻求自由的人吗？我自己还没有完成计划，但已经充满信心。只要我继续遵循计划，它将带我跨入富人的行列。

圣斯威辛学院

诺丁汉大学

特伦河畔纽瓦克

诺丁汉

1936 年 11 月 7 日

致富兰克林·考德威尔教授

由英国科学考察队转递

希拉城，美索不达米亚

亲爱的教授：

　　您在进一步挖掘巴比伦废墟工作中，倘若碰到一个叫作达巴希尔的骆驼商人变的鬼魂，会引起我的极大兴趣。请告诉他，很久以前他刻写在泥板上的东西，因为得到了英国一对教授夫妇的珍视和研究，使他的智慧和记忆延续了历经岁月沧桑的生命。

　　您或许还记得一年以前我给您写信，我和妻子打算尝试他提出的摆脱债务的计划同时手里还能有金币叮当作响。您也许已经猜到了，在此以前，尽管我们试图瞒着朋友，但实际情况是，我们已经陷入绝境。

　　我们在许多年中遭受了令人恐惧的羞辱。由于债台高筑和对疾病的恐惧，由于害怕一些商人散布某种会迫使我们离开学院的丑闻，我们即使极度节俭，省下我们收入中的每一个子儿，也难以维持日常的开销。我们还被迫赊买我们的一切，在那里我们能得到贷款，无论其价格多么离奇。

　　于是事情发展到用邪恶代替善良的循环。我们希望渺茫地奋斗着。我们不得不搬迁到较便宜的房子，因为我们欠了原来房东的钱。而目前，没有任何迹象显示我们可以改善自己的境况。

这时，那位从巴比伦来的老骆驼商，也就是您的老朋友，他留给我们的一块泥板上刻着一份计划，这个计划正是我们渴望实现的目标。他兴高采烈地鼓动我们采用他的办法。我们列出了详细的债务清单，并逐一拿给每一位债主查看。

我向每一个债主说明为什么目前不可能还清他们的债务。他们可以简单地从数据看到具体的情况。我提出，我认为全额偿还的唯一可行方式是取出我每月收入的百分之二十，按比例分配，这样用两年多的时间就可全部还清。与此同时，我们将以赊购的方式继续交易，并且用我们的现金购买为他们提供进一步的优惠。

他们真的十分宽容。一个聪明的杂货商十分认同我们的做法："如果您支付您的全额货款，然后偿还您所欠下的部分，那就比过去好得多，因为您已经三年没有支付任何款项了。"

最后，我与他们都签订合同加以约束。只要百分之二十的收入平均分配给他们，他们就不会来敲门要债。于是，我们开始规划如何依靠收入的百分之七十生活。我们决定保存那额外的百分之十存放在钱包中。一想到可以获得银币，甚至是金币，这种诱惑实在难以抗拒。

这好比是一次冒险，去作出改变。我们享受这个过程，依靠剩下的百分之七十生活得十分滋润。我们从租金开始，设法争取到合理的减免，我们放弃了购买上等茶叶与同类的东西，最后惊讶地发现我们其实可以用更低的价格购买高品质的货物。

对于一封信来说，这个故事显得唠唠叨叨，但是无论如何已经证明这样做并不困难。我们为自己的努力欢欣鼓舞。把我们的事务处理得井井有条，让我们不再被过去债务的魔咒所困扰，这真是一种解脱。

然而，我不能忘记告诉您的还有那积攒的百分之十。我们已经积攒了一段日子，您不要讥笑我。您瞧，那是轻松的。去存下您不想花费的钱，真是有趣的体验。这些钱一天天增长，积铢累寸，最后超过可以花费的部分，使人不免心花怒放。

在我们心满意足地晃动着金币时，我们发现了一种更加有利可图的方式。我们将每月的百分之十存下来投资。这被证明是我们重新崛起过程中最令人满意的部分，它是从我每月收入中支付的第一件事。

最令人满足的安全感是知道我们的投资正在稳定增长。当我教书日子结束的时候，它将是一个可观的数额，足以确保我们未来的生活无忧。

所有这些都超出我的预计。虽然很难相信，却绝对是真实的。我们所有的债款都在逐渐偿还。与此同时，我们的投资在增加。除此以外，我们的财务状况甚至好于过去。谁能相信执行财务计划和稀里糊涂地混日子之间存在如此的天壤之别？

在下一年度末还清全部旧账后，我们就有更多的钱用于旅行与投资。我们决定再也不允许我们的生活开销超过收入的百分之七十。

现在，您可以理解为什么我们要向那个老人表达我个人的感谢之情，因为他刻在泥板上的计划把我们从人间炼狱般的债务中解脱出来。

他希望别人都从他的痛苦经历中受益。这就是他为什么要费时费力地把他的信息刻在泥板上。

他有同伴的真实的痛苦信息，这个信息是如此重要，以至在 5 000 年以后，它又从废墟里重获生机。

您忠诚的

考古系　阿尔弗雷德·什鲁斯伯里

敬上

附　录

巴比伦简史

在历史上，没有哪一个城市比巴比伦更具有魔力了。仅仅这个名字就让人联想到财富和辉煌，它的黄金和珠宝如同寓言一般遍地都是。这样富庶的城市本来应该矗立在物产丰饶的热带，被茂密的森林和无尽的矿产资源环绕。实际上却并非如此，巴比伦坐落在幼发拉底河边，处于一个平坦而干旱的峡谷，没有森林，没有矿产，也没有可用于建筑的石材。它甚至远离贸易通道，雨量不足，无法培育庄稼。

巴比伦是人类通过各种途径取得巨大成功的一个典范。支撑这个城市的所有资源都是人类开发的，它的所有财富也都是人类创造的。

巴比伦只拥有两项自然资源——肥沃的土壤与蜿蜒流淌的河水。作为有史以来最伟大的工程之一，巴比伦的工程师通过建造大坝和开凿巨大运河的方式转移河水。

这种运河穿越干旱的峡谷灌溉农田，润泽生命，是名列史上最早的工程成就。丰产的粮食就是对这个灌溉系统的回馈。

幸运的是，在其悠久的历史中，巴比伦由代代世袭的国王统治。对他们来说，征服与劫掠并非偶然之事。巴比伦经历的历次战争，大多数是地方性的，或者为了抵御来自别国对传说中"巴比伦财富"的野心勃勃的觊觎者。由于杰出统治者的智慧、事业心和正义感，巴比伦并未出现过定天下于一尊、所有国家都必须臣服与效忠其统治并企图占领全部已知世界的暴君。

作为一个城市，很少有巴比伦一般的存在。强大的力量维持数千年后一旦衰退，它很快就变成了废墟。巴比伦坐落于苏伊士运河以东大约 600 英里（1 英里约等于 1.6 千米）的亚洲，正好在波斯湾的北面，纬度大约在赤道以北 30 度，气候类似于美国亚利桑那州的尤马市，炎热并干燥。

如今的幼发拉底河峡谷，曾经的人烟稠密的灌溉农业区，再一次成了狂风肆虐的贫瘠荒芜之地。稀少的青草和荒原灌木正在为生存而抵御风沙。丰腴的农田、巨大的城市和富商的长长驼队早已消逝。在这片阿拉伯的游牧地带，通过小规模放牧勉强获得生活资料的只有当地居民。

从大约公元纪年初期开始就一直是这样。

在峡谷中分布着土丘。几个世纪中，旅行者认为它们毫无价值。考古学家的注意力最终被它们吸引，是因为偶然袭来的暴风雨冲刷而显露的陶瓷碎片和砖块。由欧洲和美国的博物馆资助的考古队来到这里发掘，看看能发现什么。镐和锹很快证明这些土丘是古代城市的遗址，或者城市的坟墓——它们也可以被适当地这样称呼。

巴比伦就是其中之一，它经过大约20个世纪的岁月。风沙已将沙漠的尘土吹散，原来砖砌的、裸露的城墙早已坍塌，散落在地面。这就是今天的巴比伦，一个曾经富裕的都市。如今，它已成为一堆废墟，甚至没有人知道其名称，直到小心翼翼地清除若干世纪以来堆积在街道和倒塌的庙宇与宫殿上的泥沙，才得以揭示巴比伦的真相。

许多科学家认为巴比伦和此峡谷中的其他城市是有明确记载的最古老的文明，可以一直追溯到8000年前。与此有关的一个有趣事实是用以确定这些年代的方式。在巴比伦发现的废墟里，有对日食的记载。现代天文学家据其描述轻易就计算出了这次在巴比伦可见的日食发生年代，这样就建立起他们的历法和我们之间的一种可知的关系。

用这个方式，我们证明了8000年前巴比伦居民苏美尔人①就生活在这个由城墙包围的城市内，据此可以推测在多个世纪以前就存在着这样的城市。他们的居民不仅仅是得到城墙保护的部落成员，而且是受过教育和开化的人民。追溯到有文字记载的历史，他们是最早的工程师、最早的天文学家、最早的数学家、最早的经济学家和最早具有文字记载的语言的人。

上已述及的灌溉系统将干旱的峡谷变成了农业乐园。如今仍然可以寻觅这些运河的遗迹，虽然它们几乎已经被堆积的沙漠填满。其中一些运河宽度如此之大，当断流时，12匹马可以并排走在河床上。就规模而言，它们即使与后来美国科罗拉多州和犹他州的最大运河相比也毫不逊色。

通过灌溉峡谷中的土地，巴比伦工程师完成了另一个同样巨大的工程，就是通过精心建造的排水系统，在幼发拉底河与底格里斯河的河口开辟了一块巨大的沼泽地，并也将其纳入文明的区域。

---

① 苏美尔人：两河流域讲塞姆语的外来古老民族，古巴比伦文明的创造者。距今8 000年前开始，苏美尔人逐步在当地的农业、建筑、艺术、社会组织、宗教等领域有所建树，建立起一些城邦，并发明了楔形文字。大约公元前20世纪初，苏美尔人被外族打败，迅速衰落。

希罗多德①，古希腊旅行家和历史学家，曾在巴比伦鼎盛时期造访过古巴比伦，并为我们提供了唯一的从外部对城市地理和人民的一些非同寻常的描述。他提到当地的良田沃野和其中生长的小麦与大麦的丰产。

巴比伦的辉煌落下了帷幕，却为我们保存了它的智慧。为此，我们感谢巴比伦人的记录形式。在那遥远的日子里，还没有发明纸。取而代之，他们费力地把著作刻在潮湿的黏土上，经火烤就成为坚硬的泥板。每块泥板的尺寸大约是 6 英寸×8 英寸，1 英寸（1 英寸等于 2.54 厘米）厚。

当时大量使用泥板，正像我们使用现代书写模式一样。镌刻在它们上面的，有冗长的传奇、华彩的诗篇、历史、国王敕令的副本、土地法令、财产所有权证、担保书甚至信使送往遥远城市的信件，我们可以从中窥见当时的风土民情。例如，有一块泥板上记录了一名仓库保管者的事务，内容是某日一个顾客带着一头牛前来交换 7 袋小麦，当时交付了 3 袋，另外 4 袋则顾客需要时再取。另一

① 希罗多德：约公元前 484 年—公元前 425 年，古希腊历史学家，西方史学界称其为"历史之父"，生于小亚细亚，曾游历埃及、巴比伦等国，长期寄居雅典，著有《历史》（又名《希腊波斯战争史》）九卷。

个部分是亚述巴尼拔①国王的自传。他告诫我们："那些用苏美尔语写成的美丽文字，虽然很难记住，但我乐于一遍又一遍地重复它们。我像拓荒者一样指导着人们用芦苇秆织成盾牌和阵前壁垒。我掌握了任何行业熟练工匠拥有的知识。与此同时，我也了解学习作为领袖应有的举止。"

考古学家发现了安全掩埋在城市之下的几十万块泥板，这些泥板承载的信息相当于好几个图书馆。

巴比伦最杰出的奇迹之一就是围绕城市的高大城墙。整个古代只有埃及的金字塔可以与它们媲美，同属于"世界七大奇观"。人们认为苏美尔女王在城市的早期建起了第一道城墙。现代发掘者已经无法发现原始城墙的任何痕迹，也不知道其准确的高度。根据早期作者的记录，估计其高50～60英尺（1英尺约等于0.3米），面向外侧的是烧制的砖块并由深邃的护城河进一步保护。

时间较晚且更加有名的城墙在大约公元前600年由那波帕拉萨尔②国王建造。由于工程规模过大，他生前没有

① 亚述巴尼拔：公元前668年—公元前627年，巴比伦历史上亚述帝国时期的最后一个君主。在位期间穷兵黩武，多次远征，引起内乱。
② 那波帕拉萨尔：公元前664年—公元前605年，曾任亚述帝国的巴比伦总督，公元前626年摆脱亚述统治，在巴比伦建国，成为新巴比伦王国的开国君主，是尼布甲尼撒二世的父亲，曾经攻陷亚述首都尼尼微。

看到其竣工，这项工程留给他的儿子尼布甲尼撒，而尼布甲尼撒的名字在《圣经》叙述的历史中为人所熟知。

人们被这座城墙的高度和长度所震惊。据可靠研究报告显示，其大约 160 英尺高，相当于现代的 15 层建筑。总长度估计为 9～11 英里（1 英里约等于 1609 米），城墙顶部宽到一辆 6 匹马的战车可以在其上环绕奔跑。但是这栋宏伟的建筑物，几乎只剩下基址和护城河被保留下来。除了自然灾害的破坏，阿拉伯人也通过采集其石块运到别处用于建造，使其完全毁坏。

在那个征战四起的年代，几乎所有征服者的得胜之师都曾向巴比伦的城墙发起猛烈的进攻。潮水般的军队先后包围了巴比伦，每一次都无功而返。当时入侵的军队不应该被小觑，历史学家声称一个军团有 1 万名骑兵，2.5 万辆战车，1200 个步兵团，每个兵团有 1000 人。需要两到三年时间才能筹措完成战争物资和行军路线上的军需储备。

巴比伦城市的格局与现代城市十分接近。街道纵横，商店繁荣，沿街叫卖者在居民区内出售他们的货物。僧侣在宏伟的寺庙里执行教职。王宫位于城市中心，据说，王宫宫墙比城市的城墙还要高。

巴比伦人的工艺精湛，包括雕塑、绘画、纺织、黄金冶炼和金属武器及农业工具的制造。他们打磨的珠宝富于美感，在富人的墓中发现了很多件，现在展示在世界顶级博物馆中。

在很早的年代，当世界上其他地区还在使用木柄石斧，或者使用燧石尖的矛与箭狩猎与战斗时，巴比伦人就已经使用金属头的斧、矛与箭了。

巴比伦人是聪明的金融家和贸易家。据我们所知，他们最先发明用货币进行交换、订立借据与契约，确定产权。

巴比伦城从来没有被敌人攻陷过，直到公元前540年。即使那个时候，城墙也没有被摧毁。巴比伦陷落的故事极不寻常。居鲁士①大帝，那个时期最伟大的占领者，意图翻越巍然耸立的城墙攻陷巴比伦。巴比伦国王纳波尼杜斯②的顾问，劝国王在城市被包围以前迎击居鲁士的军

---

① 居鲁士：约公元前600年—公元前529年，又称居鲁士大帝，波斯帝国阿契美尼德王朝的创立者，公元前558年即位，公元前539年灭新巴比伦王国，后在与中亚部落的战争中被杀。
② 纳波尼杜斯：巴比伦国王，其母亲为女祭司。尼布甲尼撒二世去世以后，国家陷入动荡。纳波尼杜斯曾任将军与北方省份总督。公元前556年通过政变即位，但是在内部斗争中未能得到民众支持。公元前539年居鲁士率波斯军队攻陷巴比伦，他被赦免（一说被流放）。

队，与他决一死战。

在接下来的战斗中，居鲁士指挥了这样一场令人震惊的与巴比伦军队的战斗，国王仓皇逃离。于是，居鲁士的军队进入打开的城门长驱直入，未遇抵抗就占领了城市。

自那以后，巴比伦的力量与威望逐渐衰落，在以后的数百年间最终被废弃、荒芜，风暴再次将其夷为平地。然而，正是这块看似荒芜的土地，曾经创造出令人叹为观止的宏伟奇迹。巴比伦没落了，再也没有重新崛起，直到今天仍然有很多谜团吸引着人们去研究与揭示。

千年岁月将骄傲的城市碾成了尘埃，但是巴比伦文明的光芒永远闪耀。